Découvrez l'histoire par les archives de presse

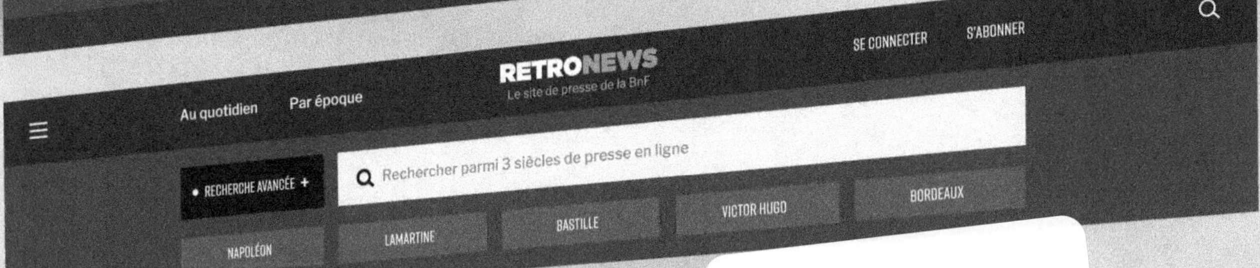

RETRONEWS
Le site de presse de la BnF

www.retronews.fr

L'ARDÈCHE

Lyonnaise et Stéphanoise

ORGANE DES CATHOLIQUES LYONNAIS & STÉPHANOIS

M. le Chanoine REY-HERME

CURÉ-ARCHIPRÊTRE DE SAINT-PÉRAY (ARDÈCHE)

FONDATEUR DE LA REVUE

M. Fl. BENOIT-D'ENTREVAUX

DIRECTEUR

LYON

DE L'IMPRIMERIE P. GRANGE & Cie

RUE JEAN-CARRIÈS, 2

—

1914

AVIS IMPORTANTS

CONCERNANT « L'ARDÈCHE LYONNAISE ET STÉPHANOISE »

1° La Revue paraîtra le 1er de chaque mois.

2° Toutes les communications destinées à la Revue devront parvenir à la Rédaction avant le 15 de chaque mois. Les communications faites après, seront insérées dans le numéro suivant ou supprimées si ce retard les rend sans intérêt.

3° La Rédaction se réserve le droit de modifier ou de supprimer les communications destinées à l'impression. Elle n'accepte pas les articles politiques.

4° Ecrire très lisiblement et sur un seul côté de la feuille.

5° La Rédaction rendra compte de tous les ouvrages qui lui seront adressés en double exemplaire ; si, bien entendu, ces ouvrages ne contiennent rien contre la morale et la religion.

Pour tout ce qui concerne la Rédaction de la Revue. S'adresser à M. Fl. BENOIT-D'ENTREVAUX, 33, *Rue Jarente, Lyon.*

Pour ce qui intéresse la Société en général, s'adresser à son Président, M. E. SEIGNOBOS, 4, *place Puvis-de-Chavannes*, ou au siège de la Société, 6, *rue Mulet, Lyon.*

Conditions d'Abonnement à la Revue :

Un an **2** fr. pour les Ardéchois de Lyon et de Saint-Etienne ;
— **2** fr. pour Messieurs les Curés de l'Ardèche ;
— **2** fr. **50** pour les habitants de l'Ardèche ;
— **3** fr. pour les étrangers au Vivarais.

**Faire parvenir le prix de l'abonnement en un mandat ou timbres-postes
à M. de La CROIX-LAVAL, 22, Quai Gailleton, Lyon.**

M. de La CROIX-LAVAL recevra également les souscriptions fixées à un minimum de :

5 fr. pour les membres honoraires
10 fr. — — bienfaiteurs
50 fr. — — fondateurs

} dont les noms seront publiés dans la Revue.

OUVROIR. — Nous rappelons aux Dames Ardéchoises qu'un ouvroir est ouvert et fonctionne *au siège de l'U. C. A. L., 6, rue Mulet, au 1er*, tous les

*Mercredis, de **2** à **4** heures du soir ;*
*— de **8** à **10** heures du soir.*

Nous faisons un pressant appel aux dames qui voudront bien apporter leur concours et travailler pour nos compatriotes déshérités.

Nous réserverons, dans la Revue, une place spéciale **AUX DEMANDES ET OFFRES D'EMPLOIS**, pour les Ardéchois habitant Lyon depuis un an.

L'ARDÈCHE

Organe Catholique des Lyonnais et des Stéphanois

LYON PITTORESQUE

L'ARDÈCHE

Lyonnaise et Stéphanoise

ORGANE DES CATHOLIQUES LYONNAIS & STÉPHANOIS

M. le Chanoine REY-HERME

CURÉ-ARCHIPRÊTRE DE SAINT-PÉRAY (ARDÈCHE)

FONDATEUR DE LA REVUE

M. Fl. BENOIT-D'ENTREVAUX

DIRECTEUR

LYON

DE L'IMPRIMERIE P. GRANGE & Cⁱᵉ

RUE JEAN-CARRIÈS, 2

1914

AVANT-PROPOS

En novembre 1912, M. le Curé de Saint-Péray, élevé, aujourd'hui, à la dignité de chanoine du Chapitre de Viviers, fondateur de notre Société *l'Union Catholique des Ardéchois Lyonnais*, nous offrait une Revue.

Son premier numéro n'avait que quatre pages, mais elles étaient pleines de promesses, ces quelques pages.

C'était le bon grain semé et béni, le 10 novembre 1912, par Notre-Dame-de-Fourvière.

Il ne pouvait moins faire, ce bon grain, que de pousser rapidement et de devenir, en deux ans à peine, un arbre vigoureux aux rameaux touffus qui vont, dès ce printemps, se couvrir de fleurs et de fruits.

Soyez, chers compatriotes, les fruits de l'arbre semé il y a deux ans.

Notre Revue paraîtra, désormais, tous les mois et pour débuter offrira à ses lecteurs 24 pages de texte.

La Rédaction, pleine de bonne volonté, la consacre au Sacré-Cœur, et demande à Notre-Dame-de-Fourvière une bénédiction toute spéciale afin qu'elle soit toujours l'expression parfaite de notre foi de Montagnard.

Elle réunira, dans chaque numéro, tout ce qui pourra intéresser ses lecteurs : histoire, légendes du pays, articles littéraires et bibliographiques. — Nous n'oublierons pas de réserver quelques pages à ceux qui ont le talent, fort appréciable, de savoir amuser en faisant revivre la gaieté et l'esprit vivarois.

Chaque numéro donnera le compte-rendu de nos belles réunions du deuxième mercredi du mois, des réunions du Comité et de ses œuvres. Mais ce qui certainement apportera le plus grand attrait à la Revue, ce sera sa Chronique Vivaroise, car MM. les Curés de l'Ardèche seront heureux de se servir de notre intermédiaire pour tenir leurs paroissiens absents au courant de ce qui se passe chez eux.

Ils nous parleront du pays.

Nous, chaque mois, nous leur raconterons ce que nous faisons à Lyon, ou à Saint-Etienne : nos réunions, nos travaux, nos projets et nos rêves. Chaque mois, notre Revue leur redira notre fidèle et affectueux souvenir.

LA RÉDACTION.

Le prix de l'abonnement est fixé à :

2 fr. par an pour les Ardéchois de Lyon et de Saint-Etienne.

2 fr. pour MM. les Curés de l'Ardèche qui voudront bien devenir nos abonnés, afin de rester en relations avec leurs paroissiens exilés, mais restés fidèles à leur clocher.

2 fr. **50** pour les habitants de l'Ardèche.

3 fr. pour tous les étrangers au Vivarais.

Avis aux Ardéchois Lyonnais.

Le Pèlerinage à Notre-Dame-de-Fourvière aura lieu le dimanche 3 mai, à 8 heures du matin, dans la crypte de la Basilique. — Messe de communion. — Cantiques Vivarois. — Allocution de M. le chanoine Marnas, et bénédiction du Saint-Sacrement. (En raison de l'ouverture de l'Exposition, il n'y aura pas de cérémonie le soir.)

Nous engageons nos chers compatriotes à gravir plus nombreux que jamais la colline où notre Grande Protectrice doit aimer à recevoir ses fidèles Montagnards Vivarois.

Pèlerinage à La Louvesc.

Le Comité des Ardéchois Catholiques Lyonnais a décidé de faire cette année, au mois de juin, notre premier pèlerinage à La Louvesc.

Les organisateurs demandent à tous leurs compatriotes d'adresser au plus tôt leur adhésion aux adresses suivantes, afin qu'ils puissent organiser le pèlerinage dont le succès dépendra du nombre de pèlerins.

S'adresser à :

Pour **Les Brotteaux :**
> M. SEIGNOBOS, président de l'U. C. A. L., *4, Place Puvis-de-Chavannes, Lyon.*

Pour **Perrache :**
> M. de La CROIX-LAVAL, *22, Quai Gailleton.*

Pour **La Guillotière :**
> M. FAUCON, *17, Quai de la Guillotière.*

Pour **Vaise** et le **Centre :**
> M. MARLHINS, *36, Quai Saint-Vincent.*

Pour **Les Charpennes** et **Villeurbanne :**
> M. CHAPUIS, *8, Rue Neuve-des-Charpennes, à Villeurbanne.*

L'ARDÈCHE

Organe Catholique des Lyonnais et des Stéphanois

NOTRE PILOTE

Pilote bien-aimé des Ardéchois... Pilote sacré qui tient d'une main ferme et sûre le gouvernail de son navire.

Son regard fixé vers la croix lumineuse que ne peuvent voiler pour Lui les ténèbres les plus épaisses, il va droit vers ce phare divin dont la clarté, au milieu d'une mer démontée, indique aux barques et aux navires le chemin qui conduit au port.

C'est vers ce port qu'il nous guide, c'est là que la main de Jésus lui jettera le câble sauveur.

Notre Pilote, nous ne le quitterons pas des yeux, et quand sa noble voix d'apôtre se fera entendre, nous serons son écho le plus fidèle, le plus respectueux.

Et dès aujourd'hui, nous voulons que tous nos compatriotes qui liront la Revue, entendent sa parole.

LETTRE PASTORALE

DE

Monseigneur l'Evêque de Viviers

SUR

LA DÉPOPULATION

*par la Désertion des Campagnes et l'Emigration
dans les grandes Villes*

ET

Mandement pour le Carême de l'An de Grâce 1914

———

Joseph-Michel-Frédéric Bonnet, par la Miséricorde divine et l'autorité du Saint-Siège, évêque de Viviers.

Au clergé et aux fidèles de notre diocèse, salut et bénédiction en Notre-Seigneur-Jésus-Christ.

Nos Très Chers Frères,

Nous vous avons fait entendre, l'année dernière, un cri de douleur, qui était aussi un cri d'alarme trop justifié par la rapidité effrayante de la dépopulation dans notre pays.

Nous nous sommes plus particulièrement attaché à vous signaler, de toutes les causes de ce fléau social, la plus immorale, la plus meurtrière, la plus subversive du plan divin dans le gouvernement du monde : la violation préméditée, intentionnelle de la loi primordiale et essentielle du mariage ; le calcul homicide qui ferme les portes de la vie aux êtres prédestinés à la conservation, au développement des sociétés, au maintien, entre les nations, de cet équilibre des forces qui est la meilleure sauvegarde de leur indépendance et la plus sûre garantie de la paix.

Il est une autre cause de dépopulation qui affecte d'une façon inquiétante notre cher Vivarais.

En vous dénonçant la stérilité volontaire d'un trop grand nombre de foyers, nous avons pris l'engagement de vous la signaler et de la combattre, dans notre Lettre pastorale de cette année : c'est la désertion de nos campagnes et l'émigration de leurs habitants dans la grande ville.

I

LE FAIT

Cette émigration a pris chez nous des proportions si alarmantes ; elle est devenue si générale, si dévastatrice que, si elle continue, nous devons en mourir et que nos campagnes, jadis si fertiles et si vivantes, ne seront bientôt plus qu'un immense et triste désert.

Il y a déjà, dans les contrées plus atteintes par le fléau, des hameaux presque abandonnés. On rencontre çà et là des maisons de belle apparence, dont les dimensions plus larges et la forme plus élégante dénotent qu'elles ont abrité l'aisance, peut-être la fortune ; qui furent, en tout cas, un foyer d'activité et le centre d'une grande exploitation agricole et qui sont actuellement inhabitées, délaissées, livrées sans protection aux injures de l'air, aux ravages du temps, à tous les éléments de destruction ; c'est, autour d'elles, la morne solitude et le lugubre silence des lieux d'où s'est retirée la vie. On ne voit plus que landes arides là où le patient labeur des anciens entretenait de belles et riches cultures.

De petits villages, hier pleins d'animation et de gaieté, ont aujourd'hui l'aspect de sombres nécropoles et ne seront demain qu'un champ de ruines.

Cette désolation de nos campagnes n'est pas près de finir. Tout nous fait présager qu'elle s'étendra encore et que nous serons condamnés, un jour, à ne voir pousser que la ronce et l'ivraie sur ce sol ardéchois, dont la sève aussi active et aussi vigoureuse qu'ailleurs, a nourri et entretenu dans un large bien-être les générations qui nous ont précédés.

La faute n'est pas à la terre qui a gardé toutes ses richesses : la faute est à ceux qui avaient la mission de lui arracher ses trésors et que l'engouement des villes a entraînés loin de l'héritage paternel.

Ce mouvement d'émigration nous effraie d'autant plus que, loin de se ralentir, il s'accentue tous les ans et vous allez voir dans quelles désolantes proportions.

Une enquête consciencieuse destinée à l'œuvre de la *Protection de la jeune fille*, dirigée par un de nos prêtres, et qui ne porte malheureusement que sur *soixante-neuf* paroisses, a donné les résultats suivants :

Dans *douze* paroisses, ce sont presque toutes les jeunes filles qui émigrent de seize à vingt ans.

Dans *quatorze*, c'est le plus grand nombre qui abandonne la vie des champs.

Quatre paroisses perdent annuellement les *deux tiers* de leur jeunesse.

Dans les *trente-neuf* autres, la proportion décroît sensiblement ; mais, dans presque toutes, il y a tous les ans des départs plus ou moins nombreux et des départs le plus souvent, sans retour.

Si ce mouvement ne s'arrête pas, — tout nous fait craindre qu'il ne se précipite, — vous pouvez pressentir ce que sera devenu, dans quelques années, notre cher et catholique Vivarais.

Ce sera la fin de ce qui fut, pendant de longs siècles, un pays heureux et chrétien ; ce sera un vaste champ de culture féconde et variée, voué à une irrémédiable stérilité ; ce sera une race forte qui ne trouvant pas, sur le sol où elle sera transplantée, cette vigueur de sève, cette ambiance protectrice, ces influences surnaturelles qui lui maintenaient son énergie native, s'anémiera, s'atrophiera et ne sera de grande utilité ni pour la religion ni pour la patrie.

I I

LES CAUSES

Voilà le fait : l'Ardèche émigre.

Quelles sont les causes de cet exode si général et si inquiétant de nos populations rurales vers la grande cité ?

Des causes réelles, il peut y en avoir, il y en a de très honorables et de très légitimes ; mais elles sont fort rares. La plupart ne sont que des prétextes imaginés pour dissimuler des sentiments peu avouables.

On abandonne la campagne, dit-on, parce que le sol y est ingrat et que, si on tient compte de la progression constante de l'impôt, des chômages forcés et de la cherté actuelle de toutes choses, il ne rend pas, quelques soins qu'on lui donne, la somme de ressources nécessaires à l'entretien d'une vie honnête, même très frugale, tandis que, à la ville, le travail est plus régulier, plus constant et plus rémunérateur.

Il y a, dans ces récriminations contre l'ingratitude du sol, plus qu'une exagération : il y a une erreur manifeste ; il y a de plus un outrage indirect à la Providence.

L'erreur consiste à faire de la terre une dure marâtre qui courbe ses enfants, du matin au soir, sous l'accablement de la fatigue et de la chaleur, s'abreuve de leurs sueurs, ne rétribue qu'à regret, d'une main avare et dans une mesure insuffisante leur incessant labeur. Eh bien, non ; la terre n'est pas une marâtre, elle est une bonne mère qui n'a pas cessé et qui ne cessera jamais de prodiguer à l'homme, son vieil enfant, les trésors inépuisables de son sein. Seulement, la terre est soumise à des lois qu'elle ne peut enfreindre. Le jour où il fut dit à l'homme déchu : « Tu mangeras ton pain à la sueur de ton front » (1) elle fut condamnée à ne donner ses fruits qu'au travail et à mesurer l'abondance de la moisson à l'activité des bras qui la préparent. Mais, s'il lui est interdit d'emplir de ses richesses les greniers du paresseux, elle a pour le travailleur diligent, d'inépuisables largesses. Au fond, il n'y a d'avare, il n'y a de réellement stérile que le champ de celui qui laisse dormir la sève et néglige les profonds labours qui ouvrent à son expansion, une voie plus facile et plus large. Ne disons plus que le sol est ingrat ; ayons la franchise de reconnaître que c'est nous qui sommes trop ménagers de notre peine et de nos efforts.

Il y a, en outre, dans le reproche fait à la terre d'être impuissante à faire vivre le laborieux et fidèle instrument de sa fécondité, un outrage indirect à l'adresse de la Providence. Elle doit assurer l'existence de tout être qu'elle appelle à la vie ; et, c'est de la terre qu'elle tire la substance qui alimente toute vie humaine. Et, si ses auxiliaires, si ses députés à l'alimentation publique, manquaient du nécessaire, eux qui ont le droit d'être les premiers servis ; s'ils ne trouvaient pas, dans les sillons qu'ils ensemencent et qu'ils moissonnent, le pain que tout être vivant doit y cueillir après eux, la Providence serait en défaut : elle ne serait ni prévoyante, ni sage, ni juste, ni bonne. Votre foi proteste contre cette injurieuse hypothèse : elle vous garantit que la Providence est tout cela, qu'elle est prévoyante, sage, juste et bonne, qu'elle l'est infiniment. Ici, le doute lui serait non seulement une injure, mais une méconnaissance de sa prédilection si souvent affirmée pour le cultivateur des champs.

Il y a, au déplorable abandon de nos campagnes, d'autres motifs qu'on n'avoue pas et qui ont sur la détermination des émigrants une influence plus réelle, plus décisive que l'appauvrissement du sol, l'insuffisance des salaires et la prétendue impuissance de vivre.

Ces motifs, d'un ordre bien différent, sont l'esprit d'indépendance, la recherche d'une vie plus libre, exempte de tout frein, affranchie de tout contrôle gênant, de toute sévérité importune, de toute humiliante censure. C'est l'attrait, l'espoir caressé de plaisirs plus faciles, de toilettes plus élégantes, de plus joyeuses aventures. C'est l'éblouissante féerie, entrevue ou décrite, de nos cités modernes, aux larges boulevards, aux palais somptueux, aux rues brillamment illuminées, aux attrayants décors de ces devantures où l'or étincelle, où chatoient, sous

(1) Gen. III, 19.

la profusion des lumières, les étoffes les plus fines et les plus riches métaux. Ce sont les fêtes, les spectacles, toutes les séductions et toutes les splendeurs d'une civilisation qui ne vise qu'à flatter et à exalter les sens; c'est tout cet ensemble qui, embelli, coloré par une imagination de vingt ans, paraît faire du séjour de la grande ville un perpétuel enchantement.

Le jeune homme a vu, au cours de son service militaire, ce mouvement, cette magnificence, ce merveilleux éclat; il a pris en dégoût son pauvre et obscur village : il n'y reviendra que pour en repartir au plus tôt.

La jeune fille, fascinée elle aussi par ce brillant mirage, s'y précipite comme le papillon vers la lumière; et, comme l'imprudent insecte, elle y brûle ses ailes.

Une autre cause morale de la désertion des campagnes, c'est le vice de notre enseignement contemporain, dont les méthodes trop uniformes, tendent exclusivement à ouvrir à l'enfant l'accès aux carrières industrielles et libérales, le retiennent constamment en face de cet unique idéal, détournent son esprit et son cœur de la profession agricole et lui font prendre en mésestime, quand ce n'est pas en dégoût, le séjour de la campagne et les travaux des champs.

Il y a encore cette odieuse et fausse appréciation de la vie rustique qui font du paysan un être inférieur, qui prétend s'élever et se réhabiliter quand il devient citadin. Par suite de cet injuste préjugé sur la vraie dignité du paysan, préjugé partagé par le paysan lui-même, il y a pour certains parents une sorte de satisfaction orgueilleuse à contempler, sur les épaules de leur fils, la tunique chamarrée du laquais ou, sur leur tête, le galon de laine qui entoure le képi du plus modeste employé.

Il y a, enfin, ces courants qu'on dirait irrésistibles et qui emportent vers les cités populeuses et bruyantes la jeunesse inconsidérée de nos campagnes. Le frère aîné est parti; le frère puiné est impatient de le suivre; la sœur est entraînée à son tour. Le camarade a rêvé d'aventures et quitte le pays; son camarade fait le même rêve et poursuit la même chimère. C'est ainsi que se sont dépeuplés et que se dépeuplent plus complètement, tous les jours, nos villages ardéchois.

III

LES CONSÉQUENCES

La première conséquence est l'immense déception du villageois qui a commis l'imprudence de se laisser prendre aux appas trompeurs de la ville et de lui préférer la vie paisible des champs. Il était parti, assuré de trouver au bout de sa route, la fortune et le bonheur : il n'y a trouvé que l'ennui et la misère.

A la ville, on gagne plus d'argent, c'est vrai ; mais l'argent rapidement gagné se dépense plus rapidement encore. Tout s'y achète et tout s'y vend plus cher. A la campagne, on habite la vieille maison des aïeux ; on a sous la main, et dans les conditions les plus économiques, une alimentation abondante et saine ; le vêtement y est simple ; le seul luxe qu'on s'y permette, c'est le luxe hygiénique et peu dispendieux d'une irréprochable propreté.

A la ville, tout se paie. Le loyer, la nourriture, le combustible, les frais de ménage, y sont une grosse dépense. On serait ridicule si on y gardait la simplicité du village et si on se mettait en opposition trop flagrante avec les exigences de la mode. Il sert peu que les salaires ou les traitements soient plus élevés si le prix de la vie est plus que doublé. L'épargne devient impossible. On vit au jour le jour, quand on est assez heureux pour équilibrer son pauvre budget. Mais, que survienne un accident imprévu, la maladie ou le chômage ; à la première suspension du travail, c'est la misère. Et la misère, loin de son pays, loin des siens, c'est plus que la misère noire, c'est la misère désespérée. Au village, cette éventualité n'est pas à redouter. Le paysan agriculteur peut n'être pas riche ; mais quand il est homme de travail, d'ordre, de prévoyance, il ne manque jamais du nécessaire et, autour de lui, on ne souffrirait pas qu'il pût en manquer.

On dit que la ville offre de plus fréquentes occasions de faire ce qu'on appelle de *bonnes affaires*. C'est vrai. Ce qui est vrai aussi, c'est que l'occasion habilement saisie a conduit à la fortune quelques rares privilégiés. Mais, ce qui est encore plus vrai, c'est que la plupart de nos émigrants végètent ou se ruinent. Entendez le témoignage d'un homme grave et qui a été à même de vérifier l'exactitude de son assertion :

« Sur cent provinciaux rendus à Paris, dit M. Méline, quatre-vingts pour cent figurent sur la liste des pauvres (1). »

Dans une récente Lettre pastorale, l'évêque d'une église voisine de la nôtre a pu écrire que « sur huit cents émigrés de son diocèse, deux ou trois ont fait fortune ; les autres sont misérables, tandis que, s'ils fussent restés au pays, ils auraient accru leur épargne, conservé leur vertu et leur foi ».

L'émigration n'est donc pas le chemin de la fortune ; elle n'est pas davantage la voie qui mène au bonheur.

Les agréments et les splendeurs de la grande ville éblouissent et charment l'étranger qui les contemple pour la première fois ; mais l'enchantement n'est ni bien profond ni bien durable. Il en est d'eux, comme de tous les spectacles humains ; à les voir fréquemment les sens s'émoussent, leur attrait décroît à

---

(1) Discours prononcé à Plombières, le 21 août 1910.

chaque vision nouvelle et, peu à peu, ils s'avilissent à ce point qu'on se lasse de les admirer et qu'on cesse d'en jouir. Et, seraient-ils tous les jours enchanteurs, qu'ils sont loin d'être accessibles à tous. Pour les rechercher et les goûter, il faut avoir des loisirs, une situation indépendante, l'âme et le corps dispos, le cœur dégagé du terrible souci de vivre. L'ouvrier et l'ouvrière qui rentrent au logis, au terme d'une journée laborieuse, ne portent guère attention aux gaietés de la rue; ils trouvent ennuyeux et toujours trop long le parcours qui les sépare du gîte où ils aspirent à reposer leurs membres fatigués. Ce n'est pas pour ceux qu'accable le travail du jour et qu'absorbent les préoccupations du lendemain que sont faites les distractions du boulevard.

❦

Trouvent-ils au moins le bien-être qu'ils avaient rêvé ?

Ce n'est plus le travail en pleine liberté, en pleine lumière, la poitrine ouverte aux plus bienfaisantes effluves, aspirant tout le long du jour l'air pur qui vient de tous les points de l'horizon. Ce n'est plus le travail calme, sagement modéré, suspendu après tout violent effort et n'excédant jamais la mesure des forces. C'est le travail fiévreux, tumultueux, assourdissant, dans une atmosphère surchauffée, chargée de miasmes ; c'est le travail épié, contrôlé, ininterrompu, c'est le travail du forçat. A peine lui sera-t-il permis d'aller deux ou trois fois par mois, respirer un peu d'air et désinfecter ses poumons imprégnés des vapeurs ou des fumées de l'usine et que guette l'inexorable tuberculose.

Ce n'est plus la petite maison ensoleillée que pénétraient de toute part l'air, la lumière et la chaleur, où tout reposait et charmait le regard; l'immensité de l'azur, les hautes montagnes, les plaines ondoyantes ; et plus près, les vertes prairies, les moissons dorées, la teinte sombre et mélancolique des bois. C'est, au fond d'une cour humide, un taudis malsain ; ou, à la dernière marche d'un quatrième étage et immédiatement sous le toit, une mansarde basse, étroite, mal éclairée ; tour à tour, selon la saison, brûlante ou glacée, où se développent et abondent les germes morbides, sans compter les voisinages suspects et l'inabordable accès.

Nous avons relevé, sur les logements de la capitale une statistique effrayante. A l'époque récente où elle a été dressée, il y avait *quatre-vingt-une* rues et *cinq mille* maisons contaminées par la tuberculose ; *quinze cent cinquante-trois* maisons qui sont des foyers de maladie ; *onze mille sept cent cinquante* chambres officiellement cataloguées.

C'est là, proportions gardées, la situation sanitaire de tous nos centres populeux. Et ce sont là, naturellement les logements désignés aux pauvres ouvriers et aux modestes employés qui vont se fixer à la ville. Les locations vraiment saines leur sont, à cause du prix de location, absolument inabordables.

Vous ne trouverez dans la grande ville ni la fortune, ni le bonheur : vous y laisserez vos traditions familiales, vous y laisserez votre santé et ce qui est infiniment plus regrettable, vous y laisserez la foi.

Auriez-vous saisi et habilement exploité les occasions qui mènent à la fortune, verriez-vous réalisés tous les rêves de votre imagination et les plus audacieuses aspirations de votre cœur, seriez-vous le plus riche et le plus heureux des mortels, si vous avez perdu la foi, ne dites pas dans l'exaltation de votre bonheur, que vous avez tout acquis. Vous n'avez rien acquis ; vous avez perdu le seul bien qui compte ; vous avez perdu le ciel ; et c'est tout perdre.

Rien n'est fragile, rien n'est inconstant comme vos prétendus bonheurs humains. Si longtemps qu'ils vous soient fidèles, ils ne vous suivront pas au-delà de la vie. Or, la vie n'est qu'un jour. Demain, elle finira ; demain, se creusera votre tombe : vous y descendrez et vous n'y emporterez que les quatre planches de votre cercueil (1) ; et, derrière cette tombe, demain, s'ouvrira pour vous l'éternité, dans le bonheur ou l'infortune, dans la gloire ou dans l'opprobre. Ce qu'on appelle le ciel c'est l'éternité dans le bonheur et dans la gloire. Le ciel, c'est tout. La vie présente n'a de valeur que si elle nous assure le ciel ; et le ciel est irrévocablement fermé à qui n'a pas la foi (2). Ce qui nous importe souverainement, c'est de garder la foi ; et elle est mise en grave péril par la fréquentation habituelle de la grande ville.

Si ferme qu'apparaisse, au village, votre foi catholique, si abondantes et si sincères que soient vos pratiques religieuses, nous sommes médiocrement rassuré sur votre persévérance dans l'affirmation de vos croyances et sur la constante manifestation de vos sentiments chrétiens quand vous aurez perdu de vue le clocher paroissial et que vous serez sortis du cadre qui vous retient dans la fidélité au devoir. Est-ce l'effet de votre timidité native ? Serait-ce que votre religion, insuffisamment éclairée, est faite d'observances extérieures plus que de convictions fortes et raisonnées ? Le fait est que, lorsque vous êtes transportés au dehors, vous subissez l'influence, quand ce n'est pas la contagion, du milieu qui vous entoure. Si le mal endémique de la région est l'indifférence et l'irréligion, vous avez vite fait de paraître et de devenir indifférents et irréligieux. Vous abandonnez la prière quotidienne, vous désertez l'église, vous travaillez le dimanche, vous n'observez plus lès abstinences prescrites par l'Eglise. Vous rejetez les armes juste à l'heure où la lutte est plus vive, l'assaut de l'ennemi plus violent, plus perfide, plus enveloppant, plus humainement irrésistible.

C'est manquer de la plus vulgaire prudence, que d'aborder, dans de telles

---

(1) *Solum mihi superest sepulchrum.* (Job xvii, 1).
(2) *Qui vero non crediderit, condemnabitur.* (Marc xvi, 16).

conditions, ces ateliers, ces chantiers des villes, ces bureaux d'administration, ces groupements ouvriers ou industriels qui sont le plus souvent des écoles d'impiété, où l'on se fait gloire, non pas seulement de nier, mais d'outrager indignement tout ce qu'un vrai chrétien·a le devoir d'aimer, de vénérer, d'adorer. Aujourd'hui, le vent est à l'irréligion ; mais il ne souffle nulle part plus haineux et plus provocateur que dans les milieux dont nous parlons. Là, les sectes ont des adeptes ardents, des propagandistes acharnés. Le démon y a ses suppôts ; et là, comme partout, ce sont les plus pervers qui sont les plus audacieux ; ce sont eux qui donnent le ton et entraînent les masses. Aussi, est-ce, du matin au soir, une émulation de blasphèmes, un concert incessant d'ironiques et grossières plaisanteries contre tout ce que la religion a de plus auguste et de plus sacré. Vivre dans cet enfer c'est, pour un vrai chrétien, un perpétuel supplice ; et, si le supplice s'atténue, s'il vient une heure où on en perde le sentiment, c'est que la foi est atteinte et bien près de défaillir.

Nous ne prétendons pas que tout est irréprochable dans nos campagnes. La mauvaise presse, le séjour des villes, le contact des étrangers ont créé, même chez nous, des hostilités religieuses qui ne savent pas toujours ·se contenir dans le calme et le silence ; mais elles n'ont pas le degré d'acuité, elles n'ont pas les hardiesses de celles que nous venons de signaler ; elles ne sont funestes qu'aux imprudents ; et, pour s'y soustraire, il suffit de le vouloir.

*
* *

Les idées perverties, que peuvent être les mœurs ?

Elles n'ont plus le frein de la religion ; elles n'ont plus, comme au village, pour se maintenir honnêtes et pures, les entraînements de l'exemple, la vigilante sollicitude des parents, les paternelles exhortations du pasteur, les sages et salutaires appréhensions de la rumeur publique.

Le jeune homme, la jeune fille ont rompu toutes les attaches qui pouvaient gêner la liberté ou la licence de leur vie. Comment les retenir sur la pente où les poussent et les convoitises du dedans et les ardentes sollicitations du dehors ! Seule la grâce de Dieu peut faire ce miracle : elle le fait quelquefois. Elle a protégé contre la mortelle atteinte des flammes les trois enfants de Babylone ; elle a gardé, dans l'intégrité de leur honneur et de leur innocence, quelques âmes jetées par l'imprudence de leurs parents dans cette fournaise dévorante que sont, pour les jeunes vertus, nos modernes Babylones.

(A suivre.)

AUBENAS

(Commune et Canton)

C'EST une vision orientale qui se dresse devant nous !
Perché sur son rocher, Aubenas nous en offre la plus parfaite illusion.

Ses énormes bâtisses, ses remparts, son château surmonté d'un élégant donjon flanqué de fort jolies échauguettes ; ses dômes, ses minarets et ses maisons blanches font, malgré soi, rêver.

Rêver à ce pays lointain où allèrent guerroyer au cri de : « Dieu le veut ! » les puissants barons qui jetèrent, il y a déjà de nombreux siècles, les fondations de cette ville, de ce château.

Au pied de la colline albenassienne, serpente la belle rivière de l'Ardèche. Le long de ses rives, papeteries, moulinages, filatures se disputent une place avec les villas aux terrasses fleuries et les chalets perdus dans les glycines.

La flèche élancée du clocher de Pont-d'Aubenas se détache en fer de lance au milieu des maisons groupées autour de lui. Au loin, vers le nord, se découpent la silhouette du Coiron avec sa profonde échancrure de l'Escrinet et le roc de Gourdon qui, comme un monstre géant, semble défendre l'entrée de la vallée.

En amont de l'Ardèche le paysage est plus sauvage encore. La vallée se resserre et, dans une anse que forme la rivière, on aperçoit, sur un sévère monticule, Ucel que dominent les ruines de son ancien château. Ce côté, plus sombre, ajoute à la beauté du panorama qui se déroule devant nous. La vue que l'on a de la ville est réellement belle.

L'histoire de ce beau fief, domaine féodal d'une des plus illustres maisons du Languedoc, est certainement pleine d'intérêt pour notre pays. Mais il ne nous est plus permis, après les pages que lui a consacrées, dans la *Revue du Vivarais*, le marquis de Vogüé, d'essayer de donner ici un croquis, même à peine tracé, d'Aubenas, de son château et de ses seigneurs.

« Le château d'Aubenas, nous dit le marquis de Vogüé, est le mieux conservé des anciens châteaux du Vivarais. Par une rare fortune, il a échappé aux guerres, aux révolutions, à toutes les causes de destruction qui ont ruiné la plupart des demeures féodales si nombreuses et si variées, qui peuplaient le Vivarais. Il attire le regard par sa masse imposante accrochée à la falaise

rocheuse de la vallée de l'Ardèche, dominée par la fière silhouette des tours qui découpent sur le ciel leurs élégantes toitures...

« Les premiers seigneurs d'Aubenas dont l'histoire fasse mention sont les sires de Montlaur. Ils tiraient leur nom d'une petite seigneurie située sur les hauts plateaux, non loin des sources de la Loire, près du village de Coucouron.

« ... Par leur habileté et leur vaillance, ils s'étaient constitué un vaste domaine qui s'étendait du Rhône à la Loire, sur une partie du Velay, du Gévaudan et du Vivarais...

« Ils avaient adopté pour devise l'ambitieuse formule : *Montlaur au plus haut*. Ils la justifièrent par l'ascension rapide de leur fortune. »

Jeanne de Montlaur, héritière de sa maison, épousa Hugues de Bocsozel, seigneur de Maubec. Le nom de Montlaur fut relevé par leur fils François de Maubec.

Un siècle plus tard, Florie de Montlaur, héritière de Louis IV de Montlaur-Maubec, épousa 1º le 6 novembre 1526, Jean de Vesc, baron de Grimaud, dont elle n'eut que des filles ; 2º le 19 janvier 1551, Jacques de Rémond, ou de Raymond, seigneur de la petite ville de Modène, près Carpentras. Pour se distinguer de ses prédécesseurs, il changea l'orthographe de Montlaur en Montlor.

De son fils Louis-Guillaume et de Marie de Maugiron vinrent trois filles : 1º Marie, mariée à Philippe d'Agoult puis au maréchal d'Ornano. Elle n'eut pas d'enfant.

2º Jacqueline, mariée à Jacques de Beauvoir de Grimord du Roure, dont Françoise du Roure, femme de Georges de Vogüé et mère de Melchior II.

3º Marguerite, qui épousa Claude de Grolée et François d'Ornano, frère du Maréchal et eut une fille, Anne d'Ornano, qui épousa un cadet de la maison de Lorraine, François, comte d'Harcourt.

La seigneurie d'Aubenas fut acquise par contrat passé devant Chèvre et Lefèvre, notaires à Paris, le 4 avril 1716, par Cerice-François marquis de Vogüé, moyennant 360.000 livres et 11.400 livres de pot de vin.

Le château actuel fut commencé par les Montlaur et terminé par les Vogüé dont les armes sont : « *D'azur, au coq barbé et crêté de gueules.* » Devise : « *Sola voce leones terreo.* »

Voir : Revue du Vivarais, 1912, p. 3 et suivantes. — Armorial du Vivarais. Articles : *Mont-Maubec, Reymond de Modène, Colonna d'Ornano, Harcourt et Vogüé.*

(Notice tirée des *Châteaux historiques du Vivarais*, par Fl. Benoit-d'Entrevaux).

CHRONIQUE

Alleluïa! Alleluïa!! Alleluïa!!! Les cloches à toute volée ont lancé aux échos des notes d'allégresse et chanté le cantique divin. — Voix de cristal et voix de bronze! Voix argentines et voix d'airain ont fait entendre à tous les peuples de la terre le triomphe éternel de l'Amour sur la Haine!

Pâques, Résurrection, Printemps, il faudrait, pour chanter vos louanges, la voix des Séraphins unie au chœur des Anges!!! Et prosaïquement, très prosaïquement, avec, dans les yeux, ces visions de ciel pur, je dois, pauvre mécréant repenti, vous apporter ici sous la forme *Chronique* mon modeste tribut à cette même place de la Revue.

*
* *

Aujourd'hui ma chronique sera embaumée du parfum des nouvelles fleuries, parfumées, car c'est de la corbeille du Divin Jardinier qu'elles s'échappent pour tomber sur la terre en apparitions blanches et roses, fleurissant vallons et côteaux, semant partout leur parfum céleste dans les joies pures du renouveau.....

*
* *

Notre humble et discrète petite Revue a participé elle aussi au renouveau; elle a profité des Pâques fleuries, elle a profité des joyeux carillons et de la Résurrection divine, pour prendre elle aussi un nouvel essor. *Chaque mois* cette humble fleur de nos montagnes, qui veut rester simple, mais se faire plus belle, viendra frapper à votre porte et distraire votre cœur des amertumes de l'exil en parlant du pays.

Mais, pardon..... Je suis chargé de la Chronique Lyonnaise :

Par une radieuse après-midi de printemps, bannières au vent et drapeaux déployés, dans un cortège imposant et admirable, le dimanche de la Passion, 29 mars 1914, 15.000 hommes ont publiquement affirmé leur Foi, en gravissant les pentes qui, de la vieille cité lyonnaise, conduisent à Fourvière. Et pendant que les hommes montaient vers le sanctuaire en chantant le *Credo* et le *Magnificat*, 25.000 chrétiennes, réunies sur un autre point de la ville, gravissaient d'autres pentes et faisaient retentir les échos de la colline sainte des notes claires de leurs cantiques pieux.

Pourquoi cette mobilisation pacifique? Me direz-vous. — Pourquoi! Parce que notre Archevêque nous avait conviés à un Congrès Eucharistique, et qu'après les séances d'études sur divers points de la ville; et qu'après les cérémonies pieuses dans toutes les paroisses de la cité; et qu'après une Communion générale qui réunissait 3.000 hommes (3.000 hommes! Entendez-vous!) dans notre antique cathédrale; il était nécessaire d'affirmer dans une imposante et pacifique manifestation le droit imprescriptible qu'ont les catholiques de s'affirmer et de vivre au grand jour de la liberté. Parce qu'il faut publiquement rendre hommage au Christ, insulté publiquement tous les jours. Parce qu'il faut que les catholiques se ressaisissent et ne laissent plus s'en aller par lambeaux la liberté de croire et le droit d'être respectés dans leurs croyances. Parce qu'il faut encore que tous les incroyants, que tous les insulteurs de Dieu et de l'Eglise, que tous les *libres-penseurs* qui sont très souvent, hélas, ni libres, ni *penseurs*, que tous les *francs-maçons* qui ne sont ni *francs*, puisqu'ils se cachent, ni *maçons*, puisqu'ils démolissent toujours, sans jamais reconstruire, que tous les *éteigneurs d'étoiles*, que tous les destructeurs d'idéal enfin, soient prévenus que 40.000 chrétiens se lèvent au premier signal pour affirmer leur Foi et que 40.000 chrétiens sauraient se lever pour la défendre si elle était de nouveau attaquée.

Notre *Union Catholique des Ardéchois Lyonnais* a participé officiellement et drapeau déployé à cette grandiose manifestation et grâce à la générosité de notre Président qui, spontanément, à l'approche de ce Congrès, fit exécuter notre emblème dont nous possédions depuis longtemps le projet; et en fit don à l'œuvre. Nous pûmes avoir la joie et la fierté de le voir figurer parmi les soixante et plus, groupés autour d'un autel en plein air, formant une garde d'honneur magnifique et une incomparable parure au Saint-Sacrement, qui devait quelques instants plus tard nous bénir et la ville entière avec nous..... Par cet acte de foi solennel, notre œuvre est désormais consacrée entièrement et foncièrement catholique; ce sera réellement l'union de toutes les bonnes volontés qui, étroitement groupées sur le terrain religieux, rechercheront toujours l'amélioration morale et matérielle du sort des 10 ou 12.000 Vivarois habitant la région lyonnaise.

Douze mille! Et quelques centaines seulement des nôtres figuraient dans le cortège. Que d'indifférence à vaincre et que de foi assoupie à réveiller! Que de misères de l'âme et du corps à découvrir et à soulager. Par nos faibles moyens et par notre action de début quelque peu dispersée et intermittente, nous n'avons pu soulever qu'un coin du voile et déjà nous avons découvert des misères sans nombre que nous sommes navrés de ne pouvoir secourir toutes.

Placements, recommandations, appels à d'autres œuvres spéciales de secours, distributions d'effets provenant de l'ouvroir à peine créé, visites de consolation dans les hôpitaux, ou les foyers que la tristesse et la maladie ont envahis. Ah ! Qu'elle est pressante et grande l'œuvre à accomplir. Ah ! Qu'elle est difficile à découvrir aussi la vraie misère, car chez nous Vivarois, *misère* ne veut pas dire *fierté qui abdique; pauvreté* n'est pas synonyme de *dégradation;* chez nous la pauvreté ne se départit pas d'une certaine noblesse et la misère sait rester digne.

*
* *

Nous voyons chaque jour les dévouements se multiplier autour de nous; tel membre du Comité central apporte un jour à la permanence quarante adhésions nouvelles, parmi lesquelles, deux de membres bienfaiteurs et deux autres de membres honoraires, tel autre, quelques annonces à insérer, de compatriotes commerçants, un autre encore, la révision de toutes les adresses ardéchoises de son quartier et un plan pour les visites à entreprendre.

Et pendant ce temps, chaque mercredi, les aiguilles courent, courent!..... dans les étoffes, poussées par les doigts agiles de nos Dames et Demoiselles de l'Ouvroir.

Telle est la ruche bourdonnante d'activité qu'est devenue notre *Union*. Est-ce à dire que tout est pour le mieux, dans la meilleure des œuvres, et que les tribulations lui sont épargnées! Non..., elle a sa part de difficultés et d'épreuves, elle n'échappe pas aux vicissitudes de toutes les choses humaines et elle en connaît les imperfections.

Faut-il, pour cela, que nous doutions un seul instant et que le découragement nous paralyse? Ecoutons plutôt la voix des cloches de Pâques! Elle nous parle de l'éternelle Puissance et de l'éternelle Miséricorde divines..... Ecoutons!.... Et laissons pénétrer dans nos cœurs ce chant d'allégresse et de confiance! *Alleluïa! Alleluïa!!*

Pierre DARDÈCHE.

NOUVELLES DE L'ARDÈCHE

GRAVIÈRES

Fêtes de Pâques. — Les communions pascales avaient eu lieu dans la paroisse quelques jours avant l'ouverture du temps pascal à l'occasion d'une mission prêchée par deux excellents missionnaires : MM. les abbés Balmès et Sarret de Notre-Dame de Bon-Secours, et qui avait produit de bien consolants résultats. On est heureux de constater que les bons fruits de cette mission persévèrent encore. A peu près toutes les femmes et 70 hommes, la jeunesse catholique en tête, ont renouvelé leur communion pascale, aux solennités de Pâques. C'est bien, et nous adressons nos félicitations à tous les braves qui ont bien voulu donner ce bon exemple de piété chrétienne.

Après cela, on est en droit de bien augurer des élections de dimanche prochain, car lorsqu'on est venu embrasser si amoureusement le Christ un jour de Pâques on ne va pas le trahir quinze jours après.

Quelques chants de circonstance, aussi bien exécutés que possible par nos chantres anciens et nouveaux toujours si dévoués ont rehaussé nos cérémonies de la messe de communion et des vêpres. A la persévérance !

LE BEAGE

Fêtes de Pâques. — Elle a été vraiment superbe. Eglise comble à tous les exercices. Le matin, imposante communion d'hommes au nombre de plus de quatre cents. Beaux chants exécutés à la première messe par la chorale de jeunes filles. A la grand'messe, assistance en corps de la jeunesse catholique, drapeau en tête, et massée devant la Table de communion. Les chants, à cette messe ont été habilement exécutés par une vingtaine d'hommes ou de jeunes gens, dont la plupart soldats, y assistaient en costume militaire.

Saluons en passant et félicitons ces jeunes qui savent si bien braver le respect humain et affirmer si bravement leurs convictions religieuses. En un mot, magnifique et touchante journée religieuse qui a traduit une fois de plus les sentiments religieux de cette population si chrétienne.

Soirée récréative. — Comme nous l'avions annoncé, la première représentation de la pièce de « Jeanne d'Arc » par les jeunes filles du patronage a eu lieu le jour de Pâques. Il y avait près de trois cents spectateurs. La plupart, émerveillés de tout ce qu'ils ont vu et entendu, se proposent de venir assister à une autre séance et les absents, alléchés par le récit de toutes ces belles choses, comptent bien ne pas laisser passer leur tour, car on en a plus que pour son argent. Une troisième représentation a donc été jugée nécessaire. Elle sera donnée le dimanche de Quasimodo, 19 avril, à 2 heures du soir. Nous avertissons charitablement les retardataires, car ils pourraient bien ne plus trouver de place. Dans un prochain numéro, nous donnerons le compte rendu de ces diverses séances.

SAINT-PRIEST

Un gracieux monument. — Sur une petite éminence, presque à l'extrémité de l'angle formé par la vieille route du Charay et le chemin qui mène à l'école libre, on vient d'élever une statue de la Sainte Vierge d'une beauté remarquable. Le piédestal, en marbre d'Angers, est digne de la statue. L'ensemble du monument, qui atteint trois mètres de hauteur, est d'une grâce légère et élégante. Tout blanc, très svelte, il fait un frappant et heureux contraste avec le paysage sévère et nu, au milieu duquel il semble éclater comme un lys.

Ce monument fait vraiment honneur à l'esprit du généreux donateur.

SAINT-ALBAN

Ouverture du bureau de postes. — La Direction des Postes vient d'annoncer officiellement que notre bureau de Poste sera ouvert au public à partir du 1er mai.

Beaucoup ignorent peut-être que c'est à M. *Jules Roche* que nous le devons, ainsi qu'en fait foi la lettre suivante adressée par le Ministre à notre député.

J'ai le plaisir de vous faire connaître que je viens d'autoriser la création d'un établissement de facteur-receveur dans la commune de Saint-Alban-d'Ay (Ardèche) sur laquelle vous avez bien voulu appeler tout particulièrement mon attention.

Agréez, etc.

Signé : Le Ministre du Commerce, de l'Industrie, des Postes et des Télégraphes.

MASSÉ.

M. Jules ROCHE, député de l'Ardèche.

CHAMPAGNE

Fête religieuse. — Dimanche prochain 19 avril, fête de Quasimodo, plusieurs artistes musiciens lyonnais, sous la direction de M. l'abbé Joseph Fressenon, professeur au Petit Séminaire de Saint-Jean, se sont donné rendez-vous à Champagne, pour exécuter sous la voûte de sa magnifique église

Romane, monument historique, les plus beaux chants grégoriens et palestriniens de leur répertoire, à la messe de 10 heures et aux vêpres de 2 heures.

Avis aux amateurs de belle et bonne musique religieuse.

Une quête sera faite à tous les offices pour les besoins du Culte et pour les œuvres paroissiales.

BEAULIEU

Séance récréative. — Les jeunes gens, voulant montrer leur zèle au public, donneront, dimanche 19 courant, à 2 heures, une séance dans le local de l'école libre. Nous aurons le plaisir de voir nos Jeunes dans « Les Figues »; Paul Rogier avec son répertoire de nouvelles chansons et F. Castagnier dans ses monologues toujours de plus en plus comiques.

SAINT-MARTIN-LE-SUPÉRIEUR

Pâques. — Nombreuses communions d'hommes à la messe de 7 heures et recueillement parfait. Bravo ! A 10 heures, église comble de fidèles ; des chants de cathédrale artistiques exécutés et habilement accompagnés au son de la mandoline.

De même à vêpres.

Nous ne savons pas de meilleure manière d'exprimer à nos deux chorales de jeunes gens et jeunes filles ainsi qu'aux mandolinistes la satisfaction générale de la population que de les prier de nous procurer un second régal dans quinze jours pour la fête de la Première Communion qui aura lieu le 26 avril.

LABASTIDE-DE-JUVINAS

Nécrologie. — Mardi 7 courant, une très nombreuse assistance accompagnait au champ du repos M. Cayrat Frédéric.

La mort est venue le ravir à l'affection des siens à l'âge de 66 ans, enlevé par une pneumonie alors qu'il jouissait d'une bonne santé. Né à Péreyres au sein d'une honorable famille, oncle de notre estimable maire de Colombier, l'aîné de la famille qui tour à tour a eu la douleur de perdre ses trois frères.

La commune de Labastide, perd en M. Cayrat une bien sympathique figure très estimée de ses compatriotes, décoré de la médaille de 1870. Lors de cette guerre désastreuse il se battit en brave, faisant partie des guides de la Garde Impériale. Prisonnier de guerre il supporta vaillamment les fatigues de la captivité.

Nous regrettons vivement la mort de ce bon patriote et de ce bon vétéran.

A sa famille éplorée, à M. l'abbé Cayrat son neveu, nos bien sincères condoléances.

P. GRANGE, IMP. LYON

Nnméro 2   1er Juin 1914

L'ARDÈCHE

Lyonnaise et Stéphanoise

ORGANE DES CATHOLIQUES LYONNAIS & STÉPHANOIS

M. le Chanoine REY-HERME

CURÉ-ARCHIPRÊTRE DE SAINT-PÉRAY (ARDÈCHE)

FONDATEUR DE LA REVUE

M. Fl. BENOIT-D'ENTREVAUX

DIRECTEUR

LYON

DE L'IMPRIMERIE P. GRANGE & Cie

RUE JEAN-CARRIÈS, 2

—

1914

AVIS IMPORTANTS

CONCERNANT « L'ARDÈCHE LYONNAISE ET STÉPHANOISE »

1° La Revue paraîtra le 1er de chaque mois.

2° Toutes les communications destinées à la Revue devront parvenir à la Rédaction avant le 15 de chaque mois. Les communications faites après, seront insérées dans le numéro suivant ou supprimées si ce retard les rend sans intérêt.

3° La Rédaction se réserve le droit de modifier ou de supprimer les communications destinées à l'impression. Elle n'accepte pas les articles politiques.

4° Ecrire très lisiblement et sur un seul côté de la feuille.

5° La Rédaction rendra compte de tous les ouvrages qui lui seront adressés en double exemplaire ; si, bien entendu, ces ouvrages ne contiennent rien contre la morale et la religion.

Pour tout ce qui concerne la Rédaction de la Revue. S'adresser à M. Fl. BENOIT-D'ENTREVAUX, 33, *Rue Jarente, Lyon.*

Pour ce qui intéresse la Société en général, s'adresser à son Président, M. E. SEIGNOBOS, 4, *place Puvis-de-Chavannes,* ou au siège de la Société, 6, *rue Mulet, Lyon.*

Conditions d'Abonnement à la Revue :

Un an **2 fr.** pour les Ardéchois de Lyon et de Saint-Etienne ;

— **2 fr.** pour Messieurs les Curés de l'Ardèche ;

— **2 fr. 50** pour les habitants de l'Ardèche ;

— **3 fr.** pour les étrangers au Vivarais.

Faire parvenir le prix de l'abonnement en un mandat ou timbres-postes à M. de La CROIX-LAVAL, 22, Quai Gailleton, Lyon.

M. de La CROIX-LAVAL recevra également les souscriptions fixées à un minimum de :

5 fr. pour les membres honoraires

10 fr. — — bienfaiteurs

50 fr. — — fondateurs

} dont les noms seront publiés dans la Revue.

OUVROIR. — Nous rappelons aux Dames Ardéchoises qu'un ouvroir est ouvert et fonctionne *au siège de l'U. C. A. L., 6, rue Mulet, au 1er,* tous les

Mercredis, de **2** *à* **4** *heures du soir ;*

— *de* **8** *à* **10** *heures du soir.*

Nous faisons un pressant appel aux dames qui voudront bien apporter leur concours et travailler pour nos compatriotes déshérités.

Nous réserverons, dans la Revue, une place spéciale **AUX DEMANDES ET OFFRES D'EMPLOIS,** pour les Ardéchois habitant Lyon depuis un an.

LES ARDÉCHOIS LYONNAIS

A LA LOUVESC

Pèlerinage des 27 et 28 Juin 1914

Nous engageons vivement nos compatriotes à se présenter, dès la réception de cet avis, au bureau du *Nouvelliste*, 12-14, rue de la Charité, afin de retenir leur place et retirer leur carte de pèlerin.

Le nombre d'auto-cars mis à notre disposition à Annonay étant limité, nous ne saurions trop insister pour que les intéressés n'attendent pas *la date du 10 Juin* pour se présenter au bureau du *Nouvelliste*.

Il ne sera donné aucun autre avis que ceux parus dans les journaux et la Revue. A cette date, la liste des pèlerins sera close.

Départ de Lyon (Perrache), le 27 Juin à 17 h. 50 (5 h. 50 soir) ;

Arrivée à Saint-Rambert-d'Albon à 18 h. 47 ;

Les pèlerins pourront, soit emporter leur dîner, soit prendre, à leurs frais, un petit repas au buffet de Saint-Rambert où ils auront 45 minutes ;

Départ de Saint-Rambert à 19 h. 33 ;

Arrivée à Annonay à 20 h. 28 ;

Départ de la gare d'Annonay en auto-cars pour la Louvesc où l'on arrivera vers 22 h. 15 ;

Coucher.

Le 28 juin :

Déjeuner ;

Départ de la Louvesc vers 15 heures en auto-cars ;

Arrivée à Annonay 16 h. 30 ;

Visite d'Annonay ;

Départ d'Annonay à 17 h. 20 ;

Arrivée à Saint-Rambert à 17 h. 57 ;

Départ de Saint-Rambert à 18 h. 29 ;

Arrivée à Lyon à 20 h. 10.

Prix du voyage : En deuxième classe, **17 fr. 50**
En troisième classe, **13 fr. 50**

Ces prix comprennent : le chemin de fer, les auto-cars, le logement à l'hôtel et le déjeuner de midi le 28 juin, à la Louvesc, ainsi que les pourboires.

Pour les inscriptions, s'adresser au *bureau du Nouvelliste*, 12-14, rue de la Charité, Lyon.

L'ARDÈCHE

Organe Catholique des Lyonnais et des Stéphanois

LETTRE PASTORALE

DE

Monseigneur l'Evêque de Viviers

(*Suite et Fin*)

Mais ces cas de préservation extraordinaire sont rares. On les obtient par la prière, la communion, le fréquent recours aux sources de la grâce divine. Mais à la ville, on prie peu, on communie rarement, si on communie encore ; on délaisse les sources de la vie et de la force surnaturelles. Aussi, la préservation est un fait exceptionnel : le sort commun est celui des victimes. Les victimes sont innombrables et tout conspire à les multiplier. Ce qu'on voit, ce qu'on lit, ce qu'on entend est une provocation pressante à la débauche. Autour de soi tout suinte l'immoralité ; l'atmosphère est putride et chargée de luxure. N'est-il pas à craindre que nos jeunes filles la plupart naïves, crédules, peu défiantes ne

---

AVIS. — Dimanche 7 Juin, les Ardéchois sont invités à se rendre très nombreux à Fourvière, où se dira, à 8 heures du matin, dans la crypte, la Messe annuelle en l'honneur de la fête de Saint François-Régis. Le soir, à 4 heures, plus nombreux encore, ils se réuniront dans la Basilique.

 ♫-♫-♫ Les Ardéchois qui reçoivent la Revue sont priés de faire parvenir au plus tôt leur abonnement au Comité, 6, rue Mulet, à Lyon, s'ils veulent continuer à la recevoir.

LA CROIX DE L'ARDÈCHE. — Nombreux déjà sont ceux de nos compatriotes qui, chaque dimanche, se procurent la *Croix de l'Ardèche*. Plusieurs ignorent encore qu'elle se trouve à Lyon, tout à fait à leur portée. Voici pourquoi nous leur rappelons ici les dépôts où l'on peut se la procurer :

 1° Union des *Croix du Sud-Est*, 6, rue d'Auvergne ;
 2° Chez Mme Paquet, imprimeur-libraire, rue de la Charité, 46 ;
 3° Chez Mme Philibert, 132, rue Bugeaud ;
 4° Chez M. J. Vallier, 54, quai Saint-Vincent ;
 5° Chez Mme Aune, 21, Cours de la Liberté ;
 6° Chez Mme Catheland, 12, Place Puvis-de-Chavannes ;
 7° Chez Mme Borel, 6, Cours de la République, Villeurbanne ;
 8° Chez Mme Delas, 7, rue Masséna ;
 9° Chez Mme Bertrand, 37, rue de Paris, Lyon-Vaise.

Voici un acte de zèle qui n'est pas trop difficile et qui peut produire beaucoup de bien : Engager un ami ou un voisin à se procurer cet intéressant journal qui nous parle du pays.

se laissent envelopper un jour ou l'autre dans une de ces intrigues malhonnêtes qui sont pour elles le point de départ d'une vie de misère et de honte ? Et qui peut répondre que, à une heure de découragement, de plus douloureuse angoisse, de désespoir, vaincues dans la lutte pour l'existence, plus âpre à la ville que partout ailleurs, réduites, par leur faute ou l'injustice des hommes, à êtres privées d'asile et de pain, elles ne deviendront pas la proie honteuse des pourvoyeurs et des exploiteurs du vice ?

La chronique scandaleuse nous apporte quotidiennement quelque récit d'aventure criminelle où figure presque toujours, à côté du principal coupable, la petite bonne de province, son associée ou sa complice.

Nous traversions un jour, accompagné d'un vénérable prêtre, un des quartiers les plus populeux et les plus animés d'une ville du Midi, quand vint à passer, près de nous, une femme déguenillée, traînant de chaque main un enfant souffreteux. Nous l'avions à peine remarquée. Le bon curé attira sur elle notre attention. « Cette malheureuse femme, nous dit-il tout bas à l'oreille, est votre diocésaine ; elle a quitté bien jeune sa paroisse natale. Placée d'abord dans une famille chrétienne, elle fournit un service apprécié et assez rétribué pour lui permettre de réaliser une petite épargne. Puis, elle s'unit à un homme grossier qui dévora, en quelques mois, ses modestes économies, la roua de coups, lui prodigua tous les outrages ; et, finalement, pour s'épargner l'ennui et la charge d'un double ménage, l'a jetée brutalement à la rue avec ses deux enfants. Le malheur aurait dû la rapprocher de Dieu ; elle n'avait plus assez de foi pour le comprendre : elle s'est désespérée ; du désespoir, de la misère, elle est tombée plus bas encore. Cette histoire est celle de pas mal de jeunes filles accourues de vos montagnes ou de vos vallées avec l'espoir de trouver ici la liberté et le bonheur : elles y ont trouvé des chaînes humiliantes et de poignantes douleurs ».

Nous écoutions navré cet émouvant récit et nous nous disions : Pauvres mères, si elles savaient l'influence désastreuse de la ville, si elles savaient ce qu'elle fait de leurs enfants, c'est avec des larmes amères, c'est avec des larmes de sang que s'exprimeraient leur regret de les voir s'éloigner et leur anxiété de les sentir exposés loin d'elles, à de si redoutables périls.

Au risque d'accroître ces anxiétés et ces regrets, nous n'hésitons pas à vous faire connaître la constatation assurément inquiétante d'un homme digne de toute confiance. M. Georges Picot, membre de l'Institut, affirme « que la centième partie à peine des femmes seules et des jeunes filles vivant à Paris trouvent des logements offrant toute sécurité ».

M. Henry Bordeaux rappelle, à ce propos, une comparaison fort juste et dont la leçon est trop oubliée : « Chacun va à la ville pour s'y gâter ; car les hommes sont comme les pommes, qui pourrissent quand on les met en tas (1) ».

---

(1) *Paysages romanesques. Le village abandonné.*

Après une telle vie, que sera la mort de l'émigrant ? Plus triste que la vie. Il est profondément triste de mourir sans la foi qui soutient, sans l'espérance qui console, sans la prière qui fortifie, sans les sacrements qui purifient et ouvrent le ciel. Il est triste de mourir, sans avoir entendu tomber des lèvres autorisées du prêtre, les suprêmes pardons de Dieu. Le prêtre est loin ; constamment ignoré de celui qui va mourir, il l'ignore à son tour. Songerait-on à l'appeler, en aurait-on le moyen ? Il est pourtant bien triste de s'en aller, au milieu de l'indifférence générale, vers l'immense fosse commune.

Combien il eût été plus doux et plus sûr de mourir au village, entouré de soins affectueux, sous l'effusion des plus pures et des plus cordiales tendresses, sous les bénédictions de l'Eglise, sous la vertu purifiante des miséricordes divines dans l'espérance des éternels revoirs ! Combien il eût été préférable d'aller dormir son dernier sommeil près des aïeux, dans la tombe bénie que protège la croix, où parents et amis viendront apporter, en de fréquents rendez-vous, l'hommage de leurs larmes et de leur prières !

*
* *

Les conséquences de l'émigration, désastreuses pour l'individu, sont fatales à la famille.

Dans la plupart des ménages, la vie familiale n'existe plus et elle n'est plus possible.

Les époux séparés les trois quarts du temps par la nécessité de se créer les ressources indispensables aux besoins de la vie quotidienne, ne se retrouvent qu'à la nuit close et dans des conditions peu favorables à l'intimité du foyer. Le mari est à l'atelier et rentre au logis, sa journie finie, abruti par le travail et plus encore par l'abus si contagieux, dans le milieu qu'il fréquente, des boissons alcooliques. La femme a, elle aussi, ses occupations au dehors ; elle ne les suspend et ne regagne le domicile conjugal que pour user à des veilles épuisantes et nécessaires, le peu de forces qui lui restent.

Entre ces deux êtres uniquement absorbés par les préoccupations de la vie matérielle, dans cette chambre vide du matin au soir, il n'y a pas de place pour l'enfant : il ne peut y naître, il ne peut y vivre, il ne peut y être élevé.

Supposez une situation moins dure, un ménage moins dispersé, un foyer qui se repeuple à l'heure des repas et au déclin du jour. La jeune femme est employée de bureau ou de magasin, elle a loué à un service quelconque toutes ses heures libres : elle ne pourra pas plus que la femme de l'ouvrier, avoir le temps et le droit d'être mère.

Il y a, dans l'organisation sociale du travail dans nos grands centres, une atteinte grave aux droits essentiels de la famille.

* * *

La société souffre autant que la famille de la désertion des campagnes.

Cet afflux anormal et surabondant de la campagne vers la cité a pour effet de rompre l'équilibre des forces vitales et, en congestionnant le cœur, de trop affaiblir les parties extrêmes du corps social.

« La pléthore du centre, a dit un grand penseur (1), c'est l'anémie aux extrémités ».

L'émigration exagérée vers la ville, et la pléthore qui en résulte, ont pour conséquence inévitable d'appauvrir nos campagnes ; et nous ne connaissons pas de plus grand malheur social.

C'est la campagne qui détient les principales sources de vitalité et de prospérité nationales : le patriotisme, la fécondité du sol, la conservation et le perfectionnement de la race.

Le patriotisme n'est nulle part plus réel, plus profond et plus vif que sur nos sommets neigeux ou au fond de nos chaudes et fertiles vallées, parce que là, dans un cadre agréable ou sévère, c'est la terre natale, avec ses traditions, ses souvenirs, son patrimoine de joies ou de douleurs, d'ineffables tendresses ou d'inconsolables regrets. Là, tout parle au cœur, tout l'émeut : la maison bâtie par les ancêtres ; les champs fécondés par leurs sueurs ; les tombes qui gardent comme en un reliquaire béni, leurs restes vénérés ; l'église où se sont agenouillées tour à tour les générations écoulées ; les cloches qui ont chanté les allégresses du foyer et qui ont mêlé à tous ces deuils les sanglots entrecoupés de leurs glas funèbres. Là, c'est tout le passé qui revit ; c'est l'âme de la famille toujours vivante, toujours aimante, qui plane et rayonne sur cette terre qui a porté les berceaux et qui garde les cercueils.

Cette terre, le paysan, qui a du cœur, la foule avec respect, il l'aime avec passion, il mourrait pour la défendre. C'est ainsi que s'enflamme, au contact du sol natal, cet amour ardent du pays qui fait les vrais patriotes et prépare les héros.

Mais qu'attendre, en fait de patriotisme, de ces déracinés qui ont rompu les liens qui les rattachaient au passé, qui, isolés dans la grande ville, n'ont pas même un foyer stable, qui n'ont à aimer et à défendre que leur égoïste personnalité.

L'abandon des campagnes si fatal à l'amour du sol a, sur sa fécondité, des conséquences non moins fatales.

La terre ne donne pas spontanément ses fruits ; il faut les lui arracher par un rude et incessant labeur et elle mesure ses dons à la puissance et à l'activité de

---

(1) *Lamennais.*

nos efforts pour les lui arracher. Que cette activité se ralentisse, que, en enlevant aux champs les bras prédestinés à les cultiver, cette puissance vienne à s'affaiblir, vous appauvrissez du même coup la principale source de la production nationale, vous rendez plus rares, et par conséquent plus chers, les produits qui sont la base de l'alimentation publique, vous affamez le [pays ; et si, par le fait de l'émigration, la suppression des bras appliqués à la culture de la terre devient générale, le pays est réduit à l'impuissance de vivre, il est condamné à disparaître.

C'est encore un fait d'expérience que la vie à la campagne favorise le développement des forces physiques et même des énergies morales. C'est là que se rencontrent, plus souvent qu'à la ville, ces constitutions vigoureuses, ces hommes de belle taille, aux muscles puissants, au mâle caractère qui préparent à la patrie de robustes défenseurs. L'agriculteur, homme de foi et de sacrifice, porte dans ses veines un sang riche, une sève abondante ; il embellit, restaure et multiplie la race ; donne, sans compter, des prêtres à l'Eglise ; il donne à la patrie de vaillants soldats et de solides travailleurs.

IV

LES REMÈDES

Il est un remède, d'ordre économique, qui s'impose à tout gouvernement qui se rend compte de l'importance capitale qu'a, sur les destinées d'une nation, la valeur ou l'avilissement de la propriété foncière.

Le remède consiste à encourager l'agriculteur et à l'aider à faire sortir des entrailles de la terre, où est le vrai trésor des peuples, tout ce qu'il est possible d'en retirer. Ce fut, dans tous les temps et sous tous les régimes, la préoccupation des pouvoirs publics. Il n'en est malheureusement plus ainsi. Tout tend, sous notre régime actuel, à décourager le cultivateur et à tarir la fécondité du sol. Toutes les faveurs vont à l'électeur des villes ; au paysan, sont réservées les charges et elle sont accablantes.

D'après le témoignage des économistes les plus compétents, l'ensemble des taxes qui grèvent la propriété rurale s'élèverait à 41 °/o du revenu (1). Ajoutez à ce chiffre énorme les frais d'assurances, ceux résultant de l'augmen-

---

(1). M. Plissonnier, député de l'Isère, estime que ces impôts sont de 25 à 30 °/o du revenu — M. Fouquet, député de l'Eure, qu'ils atteignent 28 °/o du revenu, en comptant les taxes directes, l'impôt foncier avec les centimes additionnels, la cote personnelle mobiliaire, l'impôt des portes et fenêtres, les prestations et taxes de remplacement ; et en y ajoutant les taxes de transmission, il les chiffre à 36 °/o de revenu. — M. Klotz, ancien ministre des Finances, *les évalue à 41 °/o du revenu. — Désertion des Campagnes, par H. Crinon.*

tation des salaires et vous devrez conclure qu'il n'y aura bientôt plus en France de propriétaires réels : ils seront tous les fermiers de l'Etat.

Et on parle encore d'impôts nouveaux.

Cette âpreté du fisc à accaparer les ressources du sol ont déterminé un double et bien fâcheux exode : l'exode des capitaux qui, effrayés, s'en vont à l'étranger ; l'exode de l'agriculteur qui, découragé, émigre à la ville. On préviendrait cette double fuite par une répartition plus sérieuse et plus juste de l'impôt qui cesserait alors d'avalir la terre et d'opprimer l'ouvrier des champs non moins intéressant et non moins utile que l'ouvrier des villes.

*
* *

Les parents ont aussi leur part de responsabilité dans le précoce engouement de leurs enfants pour la grande ville.

Ils ne les ont pas assez prémunis contre cette dangereuse fascination, en surveillant leurs relations et en les préservant des influences imprudentes ou intéressées qui, par des récits mensongers, ont exalté leur imagination, les ont passionnés pour de brillantes et décevantes chimères, leur ont fait prendre en dégoût le foyer où la Providence voulait fixer leurs destinées et les ont poussés aux aventures dont nous venons de vous dénoncer le péril.

Mettez, parents chrétiens, toute votre sollicitude à pénétrer profondément vos enfants de l'esprit de famille, à leur faire aimer le coin de terre où Dieu a placé pour eux les vrais éléments du bonheur humain, où tous les cœurs sont étroitement et délicieusement unis, où la joie de chacun s'accroît de la joie de tous, où les douleurs partagées s'atténuent et se consolent, où tous les bras s'entr'aident et travaillent de concert à la prospérité commune. Ne négligez aucune occasion d'opposer à cette cordiale intimité, à cette fortifiante union des cœurs, le cruel isolement de l'émigré, condamné dans la ville, où chacun vit pour soi, à refouler ses chagrins, à boire ses larmes qui couleraient inconsolées et que n'essuierait aucune main amie. Rappelez à vos fils ce qu'a d'enviable, pour une âme qui a quelque fierté, la noble indépendance du paysan qui n'est le serviteur de personne et qui n'a sous le ciel d'autre maître que Dieu. Donnez à vos enfants des aspirations plus hautes que celles du gain matériel ; et, par une éducation lente et patiente, donnez-leur conviction que ce qui est meilleur que de gagner beaucoup d'argent, c'est d'être honnête, de garder son âme chrétienne et pure et finalement de gagner le ciel.

*
* *

Un autre remède dont l'efficacité n'est pas douteuse serait de donner à notre enseignement public un but raisonnable et pratique. Partout le même et le même pour tous, il vise uniquement à former des intellectuels qui lisent dans trop de livres et apprennent beaucoup trop pour savoir quelque chose. De ces programmes encyclopédiques et des connaissances qu'on en retire, connaissances vagues, entassées, mal digérées et mal comprises, rien ou presque rien ne survit à la deuxième année qui suit la sortie de l'école. Ce qui reste uniquement, c'est la prétention de savoir, et naturellement la prétention, d'ailleurs toujours déçue, d'atteindre les dignités et d'occuper les emplois qui sont l'apanage du vrai savoir. Ce vice d'éducation multiplie les déserteurs de la campagne. Ils se croient trop savants pour rester aux champs et ils sont dans la ville des déclassés, de perpétuels mécontents et de perpétuels fauteurs de désordre.

Que l'on réserve aux élèves que leurs qualités naturelles semblent prédestiner à occuper les charges publiques ou à servir utilement un jour les Sciences ou les Lettres, une culture intellectuelle plus complète et plus haute, c'est une nécessité et c'est un devoir social. Mais ce qu'il faut inculquer à tous, et plus particulièrement à ceux que tout paraît vouer aux occupations rurales, c'est l'amour du sol natal, le respect des traditions, le rôle essentiel qu'a, dans toute organisation sociale, le cultivateur de la terre, les avantages, le mérite, l'honneur de sa profession, les services qu'elle rend, les fiertés qu'elle autorise et qu'elle justifie.

Et le moyen pratique de recommander ces idées et de les affermir dans l'esprit des élèves serait de créer, dans chaque école de garçons, un cours obligatoire d'enseignement agricole ; d'organiser dans toute école de filles, de fréquentes leçons d'économie domestique. Ces leçons bien faites et bien suivies nous prépareraient des femmes laborieuses, rangées, formées, dès leur première jeunesse, à la bonne tenue du ménage et de la ferme qui, au souci indispensable de l'épargne, sauraient unir l'art de donner aux apprêts de la nourriture plus de variété et plus de saveur. De ces leçons il sortirait des femmes qui auraient le talent d'embellir le plus modeste intérieur et d'y installer, à défaut du luxe des grandes maisons, le luxe peu coûteux et plus apprécié des foyers modestes : l'ordre et la propreté. Cette intelligente et constante application de la femme à agrémenter la vie de famille, contribuera plus efficacement que les longs raisonnements, à arrêter le mouvement qui emporte vers les grands centres nos populations abusées.

*
* *

Nous croirions avoir servi utilement et victorieusement la cause dont nous avons pris la défense, si nous obtenions des grands propriétaires qu'ils renoncent à donner eux-mêmes l'exemple de l'émigration.

Ils sont entraînés à la ville par leurs relations mondaines, par le désir de suivre de plus près l'éducation de leurs enfants, par tous les attraits d'une vie intellectuelle et d'une vie matérielle plus abondantes, plus faciles et mieux pourvues ; et aussi pour se libérer du souci d'une exploitation rurale toujours moins intéressante et plus onéreuse.

Ces grands propriétaires, la plupart bons chrétiens, sont en quête d'œuvres utiles. Quelle œuvre de haute portée sociale et d'apostolat agréable à Dieu, ils accompliraient si, triomphant de leurs attraits comme de leurs répugnances, ils revenaient aux champs qu'ils ont abandonnés et mettaient au service de la cause agricole, dans leur région, leur influence, leur intelligence et leur cœur ! Ils rechercheraient et appliqueraient, autour d'eux, les meilleures méthodes de culture. Par les résultats obtenus, ils amèneraient leurs voisins à rompre avec leurs vieilles routines et vulgariseraient ainsi les progrès rémunérateurs. Ils dirigeraient leurs fermiers ; ils les soutiendraient aux heures difficiles ; ils encourageraient, par leur concours et leurs conseils, les initiatives utiles devant lesquelles hésite l'excessive et trop prudente timidité du paysan. Ils exerceraient une sorte de paternité faite de douceur et de charité, d'où seraient exclues la sévérité et toute prétention hautaine. Par cet appui matériel et moral ils conquerraient l'affection de leur entourage qui, se sentant aimé, protégé, défendu, reprendrait confiance et songerait moins à s'exiler. La terre elle-même améliorée, devenue plus prodigue de ses dons, s'attacherait, par ses propres libéralités, le paysan qui aurait la tentation de l'abandonner.

*
* *

Il est un dernier concours que nous voulons solliciter et que nous sommes bien assuré d'obtenir, c'est le concours de notre bien aimé clergé. Nous le conjurons de promouvoir dans nos paroisses, d'encourager et de développer toutes les œuvres qui sont aux habitants de nos campagnes un secours et une protection ; les syndicats agricoles, les mutualités, les ateliers domestiques, tout ce qui peut leur apporter un profit et les attacher plus fortement au sol ardéchois.

Nous lui demandons de ressusciter, dans la mesure qui lui sera possible, ce vieil esprit paroissial qui unissait les âmes dans une intimité presque familiale à ce point qu'on se sentait frères dès qu'on vivait à l'ombre du même clocher et sous la houlette du même pasteur. Et ce lien de fraternité était si fort que nul n'eût songé à le rompre sans de très graves motifs et qu'il ne se brisait jamais sans douleur. C'est dans sa paroisse qu'on voulait vivre la vie paisible et douce des milieux pénétrés par l'influence chrétienne ; c'est dans son humble église, à laquelle aucune autre n'était pareille, qu'on voulait goûter les joies de la piété et revivre les heures les plus délicieuses du passé. C'est sur la dalle, où était tombée sur le cercueil de ses proches et de ses amis la suprême bénédiction du prêtre, qu'on voulait que fût porté et béni son propre cercueil.

Vous ramènerez dans vos paroisses cet esprit malheureusement un peu affaibli en rapprochant de la religion les âmes qui vous sont confiées et en les tenant unies dans les liens d'une foi toujours plus vive et d'une charité toujours plus active.

NOS CONFÉRENCES

Le 14 janvier, nos conférences débutaient, cette année, par une promenade au Vivarais.

C'est le long de notre rivière. (l'Ardèche) que le distingué professeur, M. l'Abbé Delenne, nous conduisit avec un véritable talent d'aimable et savant cicérone.

Les sites pittoresques qu'il fit passer devant nos yeux, sont de ceux qui restent gravés dans l'esprit et ses compatriotes qui ont eu le plaisir de le suivre dans sa promenade, n'oublieront pas, de longtemps, les trop rapides visions qui se succédèrent sur l'écran des projections, pas plus que sa trop courte conférence.

Ne nous semble-t-il pas que c'était hier que notre savant professeur nous faisait faire, avec lui, une visite au pays Helvien. Dans ce pays, où des falaises de calcaire, de granit et de basalte taillent à pic nos sauvages vallées, où les sommets sont couronnés de ruines féodales et où les hauts plateaux sont couverts de prairies et de forêts de hêtres à l'ombre desquels s'abritent encore des maisons gauloises.

De l'embouchure de l'Ardèche à sa source, nous parcourons la rivière dont les touristes comparent la descente à celle du Tarn. Notre savant conférencier complète le plaisir des yeux par celui de l'esprit, en ajoutant à certaines vues, de nombreux détails historiques.

En terminant, M. l'Abbé Delenne nous conduisit à la suite du pieux cortège qui chaque année, à Burget, rappelle celui qu'il y a dix-neuf siècles, gravit la colline sainte et qui se termina, à l'épouvante des déïcides, par un *alleluia* retentissant dans l'univers entier.

A la superbe collection de vues, il manquait celle d'un site bien vivarois quoiqu'il appartienne au pays voisin.

Aiguèze se mire dans les eaux de l'Ardèche.

Quand le touriste se laisse glisser au courant de la rivière, après avoir passé sous le pont d'Arc, pendant plusieurs kilomètres, sa barque passe entre de gigantesques colonnades ou murailles de calcaire, qu'habitent, de l'avis de savants spécialistes, des oiseaux et des plantes exotiques.

Pour se frayer un passage, la rivière a dû faire de nombreux circuits, enchâssés dans les rochers qui prennent parfois les formes les plus bizarres. Là, c'est une cathédrale aux colonnes de marbre, plus loin, une citadelle et ses donjons ; plus loin, encore, c'est une ville entière.

Près des grottes de Saint-Marcel, la rivière emporte le touriste vers le sud-est. Il aperçoit bientôt, sur une falaise à pic, de magnifiques ruines.

C'est Aiguèze avec ses remparts, son donjon, ses tourelles, son vieux clocher et les maisons du bourg bâties en amphithéâtre. Roches et ruines, tout se confond et fait l'effet d'une apparition fantastique.

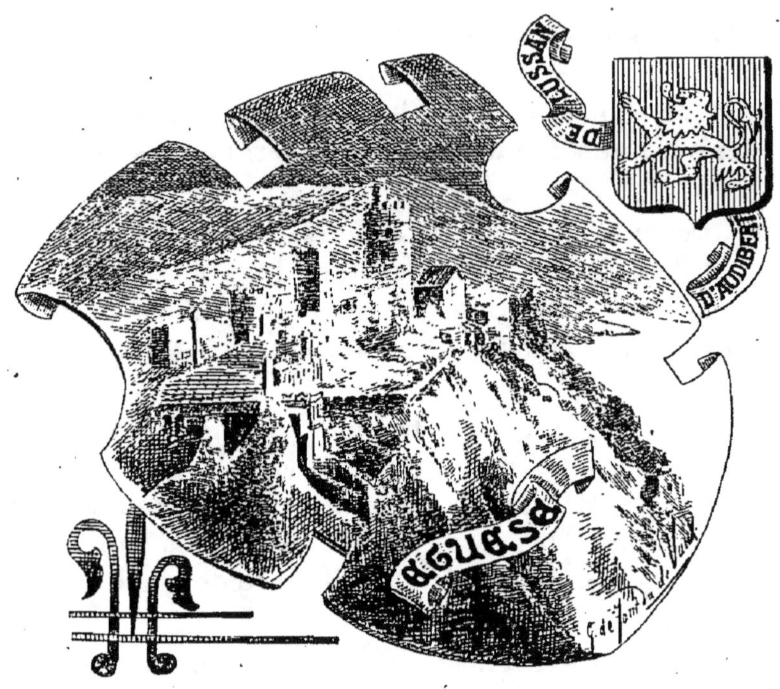

Halte là !... On ne passe pas !..., lui crie la sentinelle qui, de la terrasse, veille sur la citadelle.

En effet, il n'a pas le droit de passer. C'est une forteresse frontière qui vient de se dresser devant lui.

La rive droite de la belle rivière n'appartient plus au Vivarais.

Les Ardéchois lyonnais adressent à M. l'Abbé Delenne leurs plus vifs et respectueux remerciements pour la ravissante promenade qu'il leur a fait faire, et profitent de cette occasion pour lui dire qu'il trouvera, toujours, la plus large hospitalité dans les pages de leur Revue.

* * *

Le 11 mars, à 8 heures du soir, la Colonie des Ardéchois lyonnais se réunissait plus nombreuse que jamais, dans la crypte de Saint-Pierre, trop petite ce jour-là.

Le sujet de la conférence : «Les Chouans des Cévennes» était, du reste, d'un véritable attrait pour nous montagnards du Vivarais.

C'était une impressionnante page de notre histoire locale que M. Antoine Lestra. avocat à la cour d'appel de Lyon, allait traiter avec le talent et la science du maître, ne laissant rien à la fantaisie de la légende ou de la tradition. C'est l'histoire dans toute sa vérité, dans ses phases les plus angoissantes. C'est la lutte de quelques héros, aux nobles et beaux sentiments, contre la Révolution. que venaient de faire naître la franc-maçonnerie et la libre pensée.

Pendant une heure, M. Antoine Lestra nous fit vivre d'une façon saisissante avec nos aïeux. Sa suggestive parole nous exprima tout ce que son âme ressentait d'admiration ou d'indignation. Il nous fit passer, sans ménagement, par les plus vives émotions : frissons de colère... de terreur et d'enthousiasme pour cette poignée de héros qui succombèrent pour leur foi et leur roi. .

Au milieu des événements les plus terrifiants qui parvenaient de tous côtés, et, tandis que tout dormait au village, au hameau, nos courageux conspirateurs s'éloignaient avec prudence de leur demeure, non qu'ils aient peur de la mort, ils la méprisaient, mais ils ne voulaient pas trahir leur cause en éveillant les soupçons de leurs voisins.

C'est au camp de Jalès qu'ils se réunissaient, c'est là qu'ils travaillaient pour le salut de la France.

Tout était prêt pour la grande bataille. Il ne manquait, à cette armée de braves, que des chefs, rompus au métier des armes, pour les conduire à la victoire.

C'était un simple prêtre et quelques solides montagnards qui avaient organisé la conspiration.

On ne s'embarrasse pas pour si peu, dans nos montagnes, et le lendemain. d'une importante réunion, dès l'aube, un berger, un grand bâton à la main, sortait de sa chaumière, son fidèle labri à ses côtés.

. Il pousse devant lui son troupeau, et, si nous le suivons, nous le verrons traverser le Dauphiné, puis franchir la frontière. Il va trouver les princes exilés, leur rendre compte de ce qui se passe dans les Cévennes et leur dire les désirs. et les espérances de ses compatriotes qui malgré tout restent fidèles à leur foi.

Quelques jours après, il rentre chez lui, comme s'il venait d'accomplir l'acte le plus simple du monde.

Notre armée a maintenant des chefs et doit s'emparer des villes du Puy et de Nîmes, puis marcher sur Paris.

Mais, des traîtres se sont glissés parmi les conjurés, et nos braves montagnards sont obligés d'abandonner leurs beaux projets d'autant qu'ils ont perdu leurs principaux chefs et leur généralissime, le comte de Saillans.

Notre brillant conférencier nous transporte ensuite du camp de Jalès sur les hauts plateaux où il nous montre gentilhommes et bûcherons bataillant courageusement contre les révolutionnaires. Chassés de leurs châteaux, ou de leurs.

chaumières, ils se réfugient dans des forêts d'où ils continuent, sans trève, la guerre de partisans.

Cette lutte opiniâtre nous dépeint admirablement le caractère de nos solides montagnards qui, presque seuls, accomplissent des exploits d'une audace et d'une conception surprenantes.

Notre conférencier nous montre ces trois gentishommes quittant leur refuge pour aller, en pleine tourmente révolutionnaire, au secours des royalistes lyonnais. Ils reprennent ensuite le chemin de leurs montagnes pour continuer, chez eux, leur devoir de soldats et de chrétiens.

Me Lestra a su, pendant plus d'une heure, nous tenir sous le charme de sa chaude parole et faire revivre à nos yeux, avec une saisissante vérité ces héros qui nous ont laissé un bel exemple de foi et de fidélité à leur cause, accolant leur nom à la fière devise, au noble cri de guerre : « pour Dieu et le Roy ».

Le sujet qu'a traité si magistralement Me Lestra est loin d'être épuisé ; aussi, nous a-t-il fait espérer, aux applaudissements de toute la salle, une suite à cette première page d'histoire.

Dès la rentrée des vacances, nous lui rappellerons sa promesse, et en attendant l'extrême plaisir d'écouter une fois de plus la parole du maître, nous nous faisons, aujourd'hui, l'interprète de nos compatriotes, en ajoutant aux applaudissements qu'il a su soulever, le 11 mars, l'expression de nos plus vifs remerciements et de notre admiration.

FL. B. D'E.

CHRONIQUE

Deux cérémonies importantes ont dominé les faits et gestes de notre
« Union » au cours du mois qui s'achève ; l'une d'elles fut accomplie le 3 mai.
Il s'agit de notre fête annuelle et traditionnelle du Mois de Marie, à Notre-Dame
de Fourvière. En prévision de l'ouverture de
l'Exposition Internationale de Lyon (qui du
reste n'eut pas lieu) la cérémonie du soir avait
été supprimée. Par contre la messe de communion avait attiré beau-
coup de nos compa-
triotes, et c'est plus
nombreux que jamais
qu'ils ont gravi la col-
line sainte pour cette
réunion essentiellement
pieuse.

*
* *

La messe fut célébrée
par M. le Vicaire géné-
ral Marnas, qui, à l'Evangile, dans une allocution
de circonstance, nous
prodigua les trésors de
sa parole éminemment
apostolique. De nom-
breux cantiques vivarais
l'assistance et notre
entendre un magnifique
nante, qui sut émouvoir
des assistants. — Le

Basilique de Fourvière.

furent chantés par toute
Directeur de chant nous fit
« solo », dit avec une foi pre-
et charmer le recueillement
« Credo » et le « Magnificat »
furent chantés avec beaucoup d'enthousiasme religieux et la cérémonie prit fin
avec la bénédiction du Saint Sacrement et les accents entraînants d'un dernier
cantique en l'honneur de notre Saint patron François Régis.

Combien douces et réconfortantes sont de pareilles réunions ; la joie se voit sur tous les visages, le bonheur se devine dans tous les cœurs ! Toutes les classes de la Société sont ici harmonieusement confondues, il n'y a plus ni riches, ni pauvres. — Ce sont des chrétiens, ce sont des chrétiennes sortis du même sol, unis dans la même foi, réunis par une touchante confraternité dans le même sanctuaire et qui prient et par la prière puisent ensemble à pleines mains dans le Trésor Divin, pour s'en aller réconfortés avec une provision nouvelle du courage nécessaire à la lutte de chaque jour.

Nous désirons que plus nombreux toujours soient ceux qui se laisseront gagner par l'attrait religieux et pur de ces réunions pieuses et que bientôt elles soient suivies et fréquentées par des foules aussi imposantes que nos cérémonies du soir. — Notre messe du 3 mai nous permet cette espérance et Dieu aidant cette espérance se réalisera.

*
* *

La deuxième cérémonie est à réaliser encore et bien que le rôle du chroniqueur doive se borner à raconter ce qu'il a vu, il est nécessaire cependant, en raison même de son importance, qu'il vous en touche quelques mots. — Il s'agit, vous l'avez deviné, n'est-il pas vrai ! — il s'agit de notre premier pèlerinage à La Louvesc, au tombeau du patron de notre œuvre, Saint François Régis. — Pieux pèlerinage de reconnaissance et d'amour, disais-je, dans une précédente chronique ! C'est bien tel qu'il faut dire ; nous nous sommes voués à une tâche d'apôtres, et la protection du grand apôtre du Vivarais a été visible sur nous. Nous nous sommes attachés à une œuvre de charité et de dévouement confraternel, et déjà les heureux effets s'en font sentir, malgré l'indigence de nos moyens d'action. — Ne devons-nous pas croire à la protection et à l'intercession toutes spéciales du saint de nos montagnes, dont les deux marques distinctives furent l'ardeur apostolique et la plus féconde charité.

Avec quelle joie fut accueillie la nouvelle de cette prochaine réalisation, à peine notre « Revue » du 1er mai paraissait-elle que déjà, à l'annonce qu'elle en donnait, nos compatriotes venaient nombreux s'inscrire et se renseigner, nous étions certains du succès, mais nous espérons maintenant que ce succès se changera en véritable triomphe. La commission d'organisation n'a pas ménagé ses peines pour donner à ce pèlerinage tout l'attrait et tout le confort désirables, la grosse difficulté résidait dans la longueur du voyage et le temps très restreint qui nous est imparti pour l'accomplir, le programme et les conditions imprimés d'autre part vous montreront de quelle manière heureuse toutes ces difficultés ont été résolues.

Venez nombreux !... Venez tous !!... à La Louvesc fin juin, accomplissez ce voyage pieux, faites joyeusement les sacrifices nécessaires, ils seront payés au centuple ; car aux joies toutes spirituelles qu'il comportera, s'ajouteront le plaisir de revoir le sol natal, de respirer son air si pur, de contempler avec un bonheur sans mélange nos vallons et nos montagnes, nos champs, nos bois de pins et nos vertes prairies. — Vous reverrez nos maisons à l'aspect un peu rude, montrant leurs pierres nues, si accueillantes cependant et qui reflètent si bien l'image de leurs habitants aux visages durement accusés, fronts obstinés, mentons volontaires ; mais qui recèlent dans leur cœur des trésors de délicatesse native et de naturelle bonté. Vous verrez ces ruisseaux, ces « riaux » comme on les nomme en notre savoureux patois, courir insouciants à l'aventure, calmes dans les prés verts, comme engourdis dans leur lit de mousse au parfum de menthe sauvage, plus loin bruyants, et chantant joyeusement à l'escalade des roches massées sur leur passage grondant parfois et retombant en cascades vengeresses quand l'obstacle est trop long à franchir. Vous gravirez quelque chemin caillouteux bordé de murs en pierres sèches où ravenelles et valérianes s'en donnent et croissent à l'envie, puis brusquement, à quelque détour vous apercevrez le vieux clocher bien connu qui vous fera tressaillir d'émotion. Vous serez « chez vous » pendant quelques heures et vous serez parmi « les vôtres ». Tout cela ne vaut-il pas qu'on se dérange et ne mérite-t-il pas d'être payé de quelques sacrifices ?

Venez et apprenez à vos compatriotes fidèles au sol natal, que si vous-mêmes l'avez abandonné, vous connaissez du moins le chemin du retour. Venez et rappelez à vos pasteurs d'antan que la Foi de vos pères est restée vive dans votre âme et bien doux à votre cœur le souvenir du vieux clocher natal. Venez donc et apprenez à tous ceux de chez vous qu'il n'est rien de meilleur à l'exilé que la visite aux lieux bénis qui l'ont vu naître.

Venez surtout vivifier votre Foi aux sources les plus pures, près du tombeau et dans la magnifique église de Saint François Régis. Il est un travers commun à beaucoup de chrétiens, c'est de s'habituer à voir peu à peu les saints qu'ils honorent, à travers l'image qui nous est restée d'eux. — Nous contemplons un saint de pierre ou de bronze, bien propret, bien reluisant, blotti gentiment dans sa niche ou trônant majestueusement sur une pierre d'autel ; nous le voyons encore, éblouissant d'or et de lumière, se profiler là-haut dans un vitrail, images touchantes, sans doute, mais combien imparfaites et à jamais figées dans le silence et l'immobilité !.....

Combien plus salutaire et plus profonde est l'impression que laisse la visite aux lieux qui les ont vu agir et ont été les témoins de leurs hauts faits. — Venez à La Louvesc et devant vous se déroulera avec une vigueur saisissante cette incomparable épopée d'apôtre. — Vous le verrez par tous les temps et en toutes saisons parcourir les montagnes, prêcher, administrer les sacrements, consoler les malades, secourir les pauvres et les délaissés, convertir jusqu'au seuil de leurs lieux de plaisirs, de malheureuses débauchées, dont il fera autant de Madeleines repenties ; subir les outrages, déjouer les embûches des libertins qui désirent sa perte, et pour se reposer de ce labeur incessant regardez-le se prosterner devant les portes closes de quelque sanctuaire, la nuit, par un froid glacial, et demander à son Dieu de nouvelles forces pour le lendemain. — Voyez-le parcourir en tous sens nos rudes Cévennes, convertir, en passant, la noble et protestante Louise de Romezin, montrer la croix à ceux venus pour le lapider et d'une superbe et vibrante apostrophe, courber leur front dans le repentir et le regret de leur mauvais dessein.

Regardez-le encore, poussé par l'Esprit divin, ne plus entendre les appels de sa communauté, effrayée d'une telle existence ; quand l'Esprit souffle dans une âme prédestinée, ses appels impérieux font tomber toutes les barrières humaines et chez François Régis l'Esprit soufflait en tempête jusqu'au jour où, vaincu par la maladie, miné par la fièvre, épuisé de fatigue, il vient une dernière fois faire des prodiges d'Apostolat à La Louvesc, puis tomber expirant sur un lit d'agonie et exhaler enfin son âme à Dieu dans un rayonnement de joie surnaturelle. — Voilà un spectacle de vie que nulle image, fusse-t-elle d'un génie, ne vous donnera jamais. Venez donc à La Louvesc et vous joindrez au plaisir d'un superbe voyage, le bonheur et les mérites d'un bel-acte de Foi.

Pierre DARDÈCHE.

LE BÉAGE

Pèlerinage de Saint Régis. Notice. — Le Béage, paroisse d'environ
1 400 âmes, peut, à juste titre, après Lalouvesc, revendiquer l'honneur d'être la
cité de Saint François-Régis. Chaque année en effet, le jour de sa fête et pendant
toute l'octave, c'est un va-et-vient continuel de pieux montagnards qui viennent
faire leurs dévotions dans l'église de cette paroisse et vénérer la relique de celui
qui est pour eux, ce qu'il était pour leurs ancêtres, le saint Père Régis. Ce ne
sont pas seulement les paroisses voisines qui fournissent le contingent des
pieux pèlerins, mais encore toutes les paroisses du haut plateau des Cévennes,
voire même un bon nombre de paroisses du Velay.

L'origine de ce pèlerinage dans la paroisse est fort ancienne. Bien qu'on ne
trouve aucun document qui établisse l'époque exacte où il a commencé, il n'en
est pas moins certain qu'il existe depuis plus de cent ans, puisque, comme
nous le verrons dans la suite, il remonte jusque bien avant la Révolution.

Foire. — La foire du 8 mai, qui est une des plus importantes de l'année,
n'a pas menti à sa tradition ; on peut même dire que, cette année, elle a eu une
importance exceptionnelle. Favorisés par le temps, beaucoup de vendeurs et
d'acheteurs s'étaient donné rendez-vous. Notre petit bourg était encombré de
bancs de marchands forains, de moutons et de bêtes à cornes

Dès le début, l'abondance des acheteurs, quelques-uns venus de très loin,
ont fait d'emblée monter les cours. Les propriétaires de génisses ont fait des
affaires d'or, les vaches laitières et les moutons se sont vendus également à des
prix rémunérateurs, quelques lots d'animaux gras ont été rapidement enlevés.
Seul le cours des jeunes taureaux a été faible et un certain nombre n'a pu
trouver preneur.

En somme, bonne journée pour tous, commerçants et débitants ont fait
d'excellentes affaires et c'eût été parfait si, vers le soir, une malencontreuse
pluie n'avait un peu hâté le départ des étrangers.

BURZET

Dimanche prochain, 17 mai, nous aurons le congrès régional de la Jeunesse catholique. Le matin, il y aura, à 7 heures et demie, messe de communion suivie d'un petit déjeuner. A 9 heures, séance d'étude. A 11 heures, grand'messe. Midi, banquet. 2 heures et demie, grande conférence publique. Tout le monde pourra y assister, mais les hommes sont invités d'une manière toute particulière.

ACCONS

Dimanche dernier, avait lieu dans notre paroisse la bénédiction solennelle d'une croix sur la place publique. Cette croix monumentale, don de M. le Maire, est surmontée d'un beau Christ de 1 mètre 50. Celui-ci est le produit de l'aumône du jubilé, pour lequel tous les Acconais ont généreusement versé. Tous aussi ont voulu assister à cette belle cérémonie. Malgré le temps menaçant, la paroisse entière était présente. Et nous n'étions pas seuls. Les paroisses voisines, le Cheylard surtout, nous honoraient d'une belle assistance, parmi lesquels nous remarquons M. le maire du Cheylard et M. le maire d'Accons. Aussi notre église, ordinairement trop grande, se trouvait trop petite ce jour-là. Et je me hâte de le dire, cette foule nombreuse n'était pas de simples curieux ; c'étaient des croyants. Leur tenue pieuse à l'église et à la procession l'a témoigné : tous sur les rangs de la procession, pas de stationnaires. C'était réellement beau. On se sentait, comme à Lourdes, tous animés des mêmes sentiments.

La fanfare du Cheylard, sous la direction de son très honorable vice-président, M. André Saléon-Terras, nous prêtait son précieux concours. Elle nous a charmé par de beaux morceaux de circonstance, exécutés avec l'art que l'on connaît déjà à la « Cheylaroise ». On aurait désiré que cela dure ; c'était trop beau.

Le bien, la parole de vie nous vient encore du Cheylard. C'est M. l'Archiprêtre qui nous la donne. M. le chanoine montre avec une parole pleine de feu et d'éloquence que la croix, depuis le divin Crucifié, n'est plus le gibet des condamnés, mais un signe d'honneur et de protection : elle nous rappelle l'amour et nous apporte la liberté. Ces paroles étaient trop senties pour ne pas être comprises. Aussi, aux pieds de cette croix nouvellement bénite, s'échappe de toutes les poitrines ce cri : « Vive Jésus, vive sa croix ! »

On se sépare de cette touchante cérémonie, que l'on trouve trop courte, quoique déjà longue, édifié et réconforté.

Vive Jésus, vive sa croix !

SAINT-PIERRE-DES-MACCHABÉES

Séance récréative. — Le dimanche 24 mai, le groupe de la Jeunesse catholique donnera une séance récréative des plus intéressantes. Un drame émouvant et des comédies bien choisies feront passer une agréable soirée aux spectateurs qui. nous l'espérons, seront nombreux.

Lever du rideau à 3 heures précises.

On trouvera des cartes à l'entrée.

BEAUMONT

Intelligence du hasard.— Dire du hasard qu'il est intelligent, c'est presque affirmer que l'aveugle y voit clair.

Il y a cependant des cas où le hasard se montre si avisé qu'on serait presque tenté de lui attribuer quelque intelligence.

Ainsi à Beaumont, un certain nombre d'électeurs des villages desservis par le facteur d'Issac, M. Bastide, n'ont reçu, ni le programme, ni les bulletins de vote, ni le petit opuscule que M. Duclaux-Monteil a envoyé à tous les électeurs de l'arrondissement de Largentière.

Par contre, tout le monde a reçu les bulletins et le programme du citoyen Thomas ainsi que l'illustre *R. d. C.*

Pur hasard sans doute, et nul n'a garde de soupçonner que le sac du facteur d'Isssac puisse avoir besoin de réparations.

S'il en était autrement, les catholiques, à qui ce dévoué citoyen doit sa place, grâce au coup des inventaires, se cotiseraient pour lui en acheter un neuf.

Au cas où ce serait tout autre sac qui serait en mauvais état, nous prions l'Administration de vouloir bien entretenir son mobilier convenablement. Nous payons pour être servis.

SABLIÈRES

Samedi, 15 mai, mariage de M. Ruben Therme avec Mlle Rosa Séveyrac.

Il y a deux ans, les électeurs de Sablières donnèrent à M. Therme une marque de leur affectueuse estime en l'élisant au Conseil municipal. Notre ami est, en même temps, président du cercle catholique des jeunes gens. Son activité souriante, la tranquille fermeté de ses convictions et son adresse au service de la bonne cause méritaient bien cette double distinction.

Quand à Mlle Séveyrac, elle est, depuis plusieurs années, une congréganiste modèle.

Nos compliments et nos vœux aux nouveaux mariés et à leurs heureuses familles que l'événement de samedi va unir plus intimement.

GRAVIÈRES

Mercredi, 6 mai, le groupe de J. C. accompagnait à sa dernière demeure un de ses membres, Paulin Bruget, que la mort est venu nous ravir à l'âge de 27 ans. Le cortège nombreux qui assistait à cette touchante cérémonie témoignait combien ce jeune homme emportait dans sa tombe les sympathies de toute la paroisse. D'un caractère toujours bon, serviable, dévoué, il ne comptait que des amis.

Homme de travail et de devoir, il méritait bientôt l'estime de tous ceux qui avaient quelques rapports avec lui. On peut dire, à son éloge, qu'il est mort victime de son dévouement. Ce qui l'honore par dessus tout, c'est qu'il fut toujours un bon catholique pratiquant, et avant son dernier jour, il reçut les derniers sacrements avec une piété vraiment édifiante.

Le groupe de J. C. fera célébrer une messe pour le repos de son âme.

A sa famille, nous offrons nos sincères condoléances.

LES VANS

Séance récréative. — Les jeunes filles de la Chorale viennent de nous donner, avec leur talent et leur dévouement habituels, une séance des mieux réussies au profit des écoles libres.

Le programme comportait une saynète et une opérette-bouffe en deux actes, le tout désopilant au suprême degré. L'attention soutenue des spectateurs et les applaudissements répétés ont témoigné de la satisfaction générale.

M. le curé, au cours de la séance, et en termes touchants, remercie M. Duclaux-Monteil, notre sympathique député, d'avoir bien voulu, par sa présence, rehausser l'éclat de cette fête ; s'adressant ensuite à M. l'abbé Hilaire, il rappelle que c'est à son talent d'artiste, à son affection pour les jeunes et à son dévouement aux œuvres que l'on doit cette salle magnifiquement décorée, ces nombreuses toiles richement peintes et enfin ces fines comédies si habilement exercées puisqu'elles sont si bien rendues. Il remercie les jeunes actrices au nom de tous pour l'ardeur qu'elles ont dépensée afin de rendre cette séance aussi intéressante que possible.

M. Duclaux-Monteil se lève à son tour et, en quelques phrases bien senties, nous témoigne toute sa joie de se trouver au milieu de nous en cette circonstance et nous assure son dévouement le plus entier pour le soutien de nos écoles libres.

Encore une fois, merci à tous, organisateur et artistes, votre succès est un encouragement et votre but est noble : Faire le bien.

LEMPS

Ecole libre. — Mlles Delhomme Marthe, Mortin Jeanne, Pascal Amélie, Pascal Léonie, Pascal Marie, Poulenard Elise ont subi avec succès, le 6 courant, les épreuves pour l'obtention du certificat d'études agricoles primaires, devant les membres du Jury du canton d'Annonay.

VOGUE

La représentation du 3 mai a réussi au-delà de toute espérance.

Depuis quelques jours, quelques détails de la pièce, dévoilés au public, occupaient les conversations, et l'on se promettait de ne pas manquer une soirée qui s'annonçait si intéressante.

Aussi, à l'heure dite, notre vaste salle de représentation était comble : 500 spectateurs s'y pressaient. Et on ne fut pas déçu. Nos jeunes gens s'étaient surpassés et chacun exécuta son rôle avec un naturel remarquable.

La nombreuse assistance applaudit de bon cœur les réflexions burlesques de Colladau, la solennité de Chambourcy et l'embarras de Cordenbois.

Oui, n'allons pas à Paris pour manger « la Cagnotte ». Restons chez nous, il y a plus d'air, plus de soleil et plus de saines distractions.

Les divers entr'actes reposaient bien l'attention. Uu bon point aux tout petits; à 18 ans, ils seront des artistes consommés.

Un bon point surtout au chantre de « Y a pas de Bon Dieu ». La belle voix ! Et honneur au public, qui accueillit avec une réelle satisfaction les preuves de l'existence de Dieu, les applaudit avec enthousiasme, et les a redemandés.

BARNAS

Syndicat agricole. — Un syndicat agricole vient d'être légalement constitué dans notre commune, ayant pour président Gustave Ayroulet. Sa demande d'affiliation à l'Union du Sud-Est a été agréée et son admission prononcée le 23 avril 1914.

BOULIEU-LES-ANNONAY

Séance récréative. — Les jeunes filles du patronage de Boulieu-les-Annonay donneront une séance récréative le dimanche 17 mai, à 3 heures et demie, dans la salle du cercle.

Le programme comportera les deux pièces suivantes :

Miss Arabella fait ses confitures, comédie comique en un acte.

Le Meunier du moulin joli, opérette en deux actes.

Union Catholique des Ardéchois Lyonnais

MEMBRES FONDATEURS

M. le Chanoine F. Marnas, vicaire général.

M. Seignobos, 4, place Puvis-de-Chavannes.

M. E. Bertoye, 29, cours Morand.

M. L. Goucherand, 26, Quai Tilsitt.

M. Maurice de la Croix-Laval, 22, Quai Gailleton.

M. Fl. Benoit-d'Entrevaux, 33, rue Jarente.

M. de Gaillard-Bancel, député de l'Ardèche.

MEMBRES BIENFAITEURS

Mme la Duchesse d'Uzès, 76, rue de Courcelles, Paris.

M. Charles Joannard, 7, rue Auguste-Comte.

M. Marcel Frachon, 21, rue de la République.

Mlle Marie de Missolz, 30, Boulevard des Brotteaux.

Mme Borelly, 47, Grande-Rue des Charpennes.

M. Régis Vacher.

M. l'abbé Duclaux-Monteil.

M. l'abbé Delenne, professeur au Collège St-Michel (Aubenas).

MEMBRES HONORAIRES

M. R. de Soras, 12, rue Alphonse-Fochier.

Mme Pignal, 1, quai des Brotteaux.

M. de Chalandar, 30, cours Eugénie, Lyon-Montchat.

Cte de la Croix-Laval, 5, quai d'Occident.

M. F. Seignobos, Andrézieux (Loire)

M. Marqueyrol, 2, rue Paradis.

Mme Barbarin.

M. M. Vallot, 28, Rue Alexandre Boutin.

M. Tostevin, 28, Grande-Rue de la Guillotière.

Mme Brochier, 27, cours Lafayette.

M. Fréon-Frachon.

Mlle Marie Magnolon, 40, rue Sala.

M. Clot, chapelier, 52, rue de l'Hôtel-de-Ville.

M. E. Giroud, 9, rue Bât-d'Argent.

Les listes très incomplètes qui précèdent seront mises à jour par notre prochain numéro de la Revue, et seront suivies par celle des abonnés.

La Société, s'étant imposée une très lourde charge en publiant une revue mensuelle, invite tous ceux qui s'intéressent à notre œuvre de la seconder de tout leur pouvoir en la faisant connaître et en faisant parvenir, au plus tôt, au siège de la Société, 6, rue Mulet, le prix dérisoire de 2 francs, qui leur est demandé pour l'abonnement de la Revue.

Tous nos compatriotes auront certainement à cœur de nous seconder, en nous amenant de nombreux abonnés.

L'Imprimeur-Gérant : P. Grange.

L'ARDÈCHE

Lyonnaise et Stéphanoise

ORGANE DES CATHOLIQUES LYONNAIS & STÉPHANOIS

M. le Chanoine REY-HERME

CURÉ-ARCHIPRÊTRE DE SAINT-PÉRAY (ARDÈCHE)

FONDATEUR DE LA REVUE

M. Fl. BENOIT-D'ENTREVAUX

DIRECTEUR

LYON

DE L'IMPRIMERIE P. GRANGE & Cie

RUE JEAN-CARRIÈS, 2

1914

AVIS IMPORTANTS

CONCERNANT « L'ARDÈCHE LYONNAISE ET STÉPHANOISE »

1º La Revue paraîtra le 1er de chaque mois.

2º Toutes les communications destinées à la Revue devront parvenir à la Rédaction avant le 15 de chaque mois. Les communications faites après, seront insérées dans le numéro suivant ou supprimées si ce retard les rend sans intérêt.

3º La Rédaction se réserve le droit de modifier ou de supprimer les communications destinées à l'impression. Elle n'accepte pas les articles politiques.

4º Ecrire très lisiblement et sur un seul côté de la feuille.

5º La Rédaction rendra compte de tous les ouvrages qui lui seront adressés en double exemplaire ; si, bien entendu, ces ouvrages ne contiennent rien contre la morale et la religion.

Pour tout ce qui concerne la Rédaction de la Revue. S'adresser à M. Fl. BENOIT-D'ENTREVAUX, 33, *Rue Jarente, Lyon.*

Pour ce qui intéresse la Société en général, s'adresser à son Président, M. E. SEIGNOBOS, 4, *place Puvis-de-Chavannes,* ou au siège de la Société, 6, *rue Mulet, Lyon.*

Conditions d'Abonnement à la Revue :

Un an **2 fr.** pour les Ardéchois de Lyon et de Saint-Etienne ;

— **2 fr.** pour Messieurs les Curés de l'Ardèche ;

— **2 fr. 50** pour les habitants de l'Ardèche ;

— **3 fr.** pour les étrangers au Vivarais.

Faire parvenir le prix de l'abonnement en un mandat ou timbres-postes à M. de La CROIX-LAVAL, 22, Quai Gailleton, Lyon.

M. de La CROIX-LAVAL recevra également les souscriptions fixées à un minimum de :

5 fr. pour les membres honoraires

10 fr. — — bienfaiteurs

50 fr. — — fondateurs

dont les noms seront publiés dans la Revue.

OUVROIR. — Nous rappelons aux Dames Ardéchoises qu'un ouvroir est ouvert et fonctionne *au siège de l'U. C. A. L., 6, rue Mulet, au 1er,* tous les

Mercredis, de **2** *à* **4** *heures du soir ;*

— *de* **8** *à* **10** *heures du soir.*

Nous faisons un pressant appel aux dames qui voudront bien apporter leur concours et travailler pour nos compatriotes déshérités.

Nous réserverons, dans la Revue, une place spéciale **AUX DEMANDES ET OFFRES D'EMPLOIS,** pour les Ardéchois habitant Lyon depuis un an.

L'ARDÈCHE

Organe Catholique des Lyonnais et des Stéphanois

POURQUOI

l'Union Catholique des Ardéchois Lyonnais ?

SON BUT, SON ORGANISATION ET SES ESPÉRANCES

L'exode toujours grandissant des populations rurales dans la grande ville est un fait malheureusement indéniable ; ce mal doublement regrettable, puisque d'un côté les campagnes sont délaissées et que d'autre part les infortunés qui échouent dans les villes sont, un certain nombre, perdus moralement et physiquement, avait ému, autant qu'il l'avait affligé, le cœur de sa Sainteté Pie X. En cinq fois différentes, Il a élevé la voix en faveur des émigrants, insistant, avec toute sa paternelle sollicitude, pour la création d'œuvres destinées à les secourir aussi bien au point de vue moral qu'au point de vue matériel.

C'est en s'inspirant des vœux exprimés par Pie X que M. le chanoine Rey-Herme est venu, il y a deux ans, avec cette confiance et cette ardeur qui n'ont d'égale que sa modestie, tracer le premier sillon de notre œuvre.

Il était providentiellement indiqué que ce fût Lyon, la ville d'où partent toutes les généreuses initiatives, la ville au foyer intense de foi et de charité, qui soit choisi pour le champ d'action de ce vaillant apôtre. Comme il fallait aussi une

---

LA CROIX DE L'ARDÈCHE. — Nombreux déjà sont ceux de nos compatriotes qui, chaque dimanche, se procurent la *Croix de l'Ardèche*. Plusieurs ignorent encore qu'elle se trouve à Lyon, tout à fait à leur portée. Voici pourquoi nous leur rappelons ici les dépôts où l'on peut se la procurer :

1° Union des *Croix du Sud-Est*, 6, rue d'Auvergne ;
2° Chez Mme Paquet, imprimeur-libraire, rue de la Charité, 46 ;
3° Chez M. J. Vallier, 54, quai Saint-Vincent ;
4° Chez Mme Aune, 21, Cours de la Liberté ;
5° Chez Mme Catheland, 12, Place Puvis-de-Chavannes ;
6° Chez Mlle Vernet, 89, Cours Emile-Zola, Villeurbanne ;
7° Chez Mme Delas, 7, rue Masséna ;
8° Chez Mme Bertrand, 37, rue de Paris, Lyon-Vaise.

Voici un acte de zèle qui n'est pas trop difficile et qui peut produire beaucoup de bien : Engager un ami ou un voisin à se procurer cet intéressant journal qui nous parle du pays.

consécration digne et solennelle à cette œuvre naissante, ce fut aux pieds de l'antique et vénérée madone de Fourvière qu'elle eut lieu le 1er dimanche de mai 1912.

Tous ceux, et ils sont nombreux, qui eurent l'ineffable bonheur d'assister à cette touchante réunion se rappellent les indicibles émotions que le vibrant et chaud appel du curé de St-Péray avait fait passer dans leurs âmes. Tous en ont gardé un inoubliable souvenir comme aussi un vif sentiment de gratitude et de respectueuse sympathie à l'endroit de cet excellent prêtre qui venait faire revivre tout un passé vécu dans leurs chères montagnes.

Le groupement des Ardéchois Lyonnais est avant tout et par dessus tout catholique, c'est dire qu'il place bien en évidence, en tête de son programme, la sauvegarde et le réveil de la foi; le respect et l'obéissance aux lois de Dieu et de son Eglise, le maintien et le retour aux saines traditions familiales.

Œuvre de charité et d'assistance, l'Union catholique des Ardéchois Lyonnais concourt et se prodigue, par tous les moyens en son pouvoir, pour secourir ses compatriotes dans l'infortune ou dans la maladie, procurant aux uns les subsides; vêtements, aidant les sans travail à trouver leur gagne-pain portant aux malades les soins, les encouragements, les consolations, et les paroles d'espérance, faire en un mot œuvre de solidarité chrétienne la plus absolue.

Son but foncièrement catholique, comme il vient d'être dit, est de rapprocher, sous le même drapeau, tous les Vivarois de Lyon et de la banlieue, sans distinction ni de classes ni de rangs, afin qu'ils puissent toujours mieux se connaître et toujours mieux s'aimer. Mission de paix et de fraternité par excellence, l'Union catholique des Ardéchois Lyonnais bannit rigoureusement la politique de son sein, sa seule ambition est de se dévouer au bien commun de tous ses membres.

Placée sous le patronage de N.-D. de Fourvière et de St François Régis, la grande famille Vivaroise Lyonnaise a pour présidents d'honneur Son Eminence le Cardinal Sevin, archevêque de Lyon et Sa Grandeur Mgr Bonnet, évêque de Viviers.

Elle est administrée par un comité central ayant à sa tête le directeur fondateur, M. le chanoine Rey-Herme, assisté de M. le vicaire général Marnas, directeur des œuvres diocésaines de Lyon qui, soit dit en passant, s'est mis si aimablement dès la première heure, avec ce dévouement et cette grâce qui lui sont familiers, à la disposition des Ardéchois Lyonnais, leur offrant la plus bienveillante hospitalité, les guidant de ses conseils si autorisés, écartant ou applanissant les difficultés toujours si nombreuses et si arides des débuts, qu'il reçoive ici au nom de tous, un respectueux et cordial merci pour tout ce qu'il a déjà fait et tout ce qu'il est appelé à faire pour la marche toujours en avant de notre œuvre qui demeure la sienne.

En plus des deux directeurs, le comité central a son président actif, ses vice-présidents, son secrétaire général, son trésorier général, deux secrétaires et un trésorier adjoints. Un ou deux délégués pour chaque paroisse de Lyon et de la banlieue, ces délégués sont nommés par le bureau conformément aux statuts de l'Union.

Des sections paroissiales sont créées partout où il y a suffisance de nombre : elles sont sous la direction ecclésiastique de MM. les curés ou des vicaires délégués. Des zélateurs et zélatrices sont désignés dans chacune de ces sections. Ils sont chargés spécialement du recrutement des nouveaux adhérents, de la perception des cotisations, souscriptions, des enquêtes à faire et de tous les renseignements à fournir sur les familles pauvres ou les malades et sur tout ce qui intéresse plus particulièrement l'Union des Catholiques Ardéchois Lyonnais dans le bien qu'elle poursuit.

Les plus récentes statistiques donnent le chiffre de 18.000 Vivarois ayant élu domicile à Lyon ou dans la banlieue. Le comité central a cru devoir faire opérer le recensement de ses compatriotes : 5.000 noms et adresses d'Ardéchois inscrits sur les listes électorales ont été recueillis l'année dernière. Dans ce nombre ne figurent pas ceux habitant St-Fons, Oullins et une partie de Villeurbanne, localités où les Ardéchois sont relativement nombreux. Défalcation faite de l'élément protestant, on peut dire sans être taxé d'exagération, que la colonie Ardéchoise catholique représente le trentième de la population lyonnaise.

Il était du plus grand intérêt que cette grande famille, dispersée dans tous les quartiers, sans aucun trait d'union, vivant pour la plupart dans un isolement dangereux, soit réunie en un vaste et chaud foyer où tous les Vivarois puissent se rencontrer, revivre ensemble les souvenirs de leurs chères montagnes.

Un local était nécessaire pour ces réunions, le comité central se mit aussitôt à l'œuvre, plusieurs salles furent examinées, les unes trop exiguës, les autres pas assez au centre de la ville, finalement le choix fut arrêté sur le local que l'Union occupe actuellement, 6, rue Mulet; cette salle, aux vastes proportions, confortablement aménagée, peut contenir 150 personnes. L'inauguration eut lieu le mercredi 9 avril 1913 sous la présidence de M. le chanoine Marnas. Depuis ces réunions se poursuivent sans interruption chaque mercredi de 8 h. à 10 h. du soir, elles ont lieu sous la surveillance de plusieurs membres du comité central. Nos compatriotes qui veulent bien s'y rendre y trouvent revues et journaux du Vivarais, les franches et cordiales causeries qui s'y font, donnent à ces réunions une impression charmante de la Petite Patrie.

Des conférences avec ou sans projection ont été organisées l'hiver dernier. Vu l'insuffisance de la salle du nº 6 de la rue Mulet, elles ont lieu dans la crypte de l'Eglise Saint-Pierre, rue Mulet, 7bis, mise si aimablement à notre disposition par M. le chanoine Fanjaud ; ces conférences qui ont lieu le deuxième mercredi à 8 heures et quart du soir, sont supprimées pendant la saison d'été.

L'agréable n'a point fait oublier le pratique : sur les inspirations toujours si heureuses de ses directeurs, l'Union catholique des Ardéchois Lyonnais a créé deux ouvroirs qu'alimente tout un essaim de vaillantes ouvrières, fournissant à l'œuvre des pauvres : vêtements, lingerie, etc.

Une autre section, non moins généreuse ni moins admirable, est celle des Dames visiteuses chez les malades, soit dans les hôpitaux, soit à domicile. Ces deux sections, qui sont la clef de voûte de l'œuvre charitable par excellence que s'est proposée l'Union, forment un ensemble merveilleux de zèle et de dévouement digne en tous points de la bonté proverbiale de nos aimables compatriotes.

Enfin pour terminer ce rapide aperçu qu'il était indispensable de faire connaître à tous nos Vivarois Lyonnais, nous ajouterons pour ceux de nos compatriotes qui ignorent le but et l'organisation de cette œuvre si intéressante, que nous nous défendons énergiquement d'encourager l'émigration. Tous les efforts de l'Union catholique des Ardéchois Lyonnais tendent plutôt à rattacher au sol natal ceux de nos compatriotes que tente la grande ville, elle étudie les moyens d'action propres à retenir chez eux nos braves montagnards : entreprises industrielles, agricoles, etc. A part des exceptions rares, elle ne s'occupe que des Ardéchois ayant au moins un an de résidence à Lyon et refuse impitoyablement de s'occuper des émigrants.

Pour donner à une œuvre semblable tout l'essor et la vitalité qu'elle ambitionne, elle a besoin du concours de tous, appui moral et financier ne doivent lui faire défaut. Que tous apportent peu ou prou les largesses en s'inspirant des préceptes de l'Evangile : « Qui donne aux pauvres prête à Dieu ». Que les heureux rivalisent de générosité en faveur de leurs compatriotes malheureux. Le comité fait un pressant appel à leur charité.

« Qui aide la Providence est aidé par Elle. »

LE COMITÉ CENTRAL DE L'U. C. A. L.

Notre-Dame de Montaigu

IL nous a paru intéressant de faire revivre, dans le cœur et dans la mémoire de nos compatriotes ardéchois, l'image vénérée et si consolante de la Vierge de Montaigu qui, à deux reprises, préserva miraculeusement la ville de Tournon du fléau effroyable de la peste.

M. l'abbé Chalbot, vicaire à l'église Saint-Julien de Tournon, a donné quelques détails fort intéressants sur l'histoire de N.-D. de Montaigu, dans la Revue mensuelle paroissiale de cette ville, et, c'est à son récit si documenté, que nous avons eu recours pour écrire ces lignes qui ne seront qu'un résumé très succinct des faits glorieux de la sainte image.

Il est, en Belgique, à six lieues de Louvain, une colline dite le *Mont Aigu*. On raconte qu'au quinzième et au seizième siècles, les habitants du pays venaient vénérer une statue de la Vierge, encastrée par des bergers dans le corps d'un gros chêne qui s'élevait au sommet de cette colline, et que les gens d'alentour dénommaient la *Vierge du Chêne*.

Plus tard, on bâtit sur cet emplacement une chapelle ; puis, cette chapelle ne suffisant plus à contenir les foules qui, toujours plus nombreuses, venaient vénérer la statue, l'on y construisit une église. Le chêne avait été abattu, et on en avait fait don à l'Archiduc Albert et à sa femme Isabelle, dont la munificence et la piété avaient très largement contribué à l'édification de l'église.

En 1619, une partie du tronc du chêne fut donné par le prince Albert au Père Ange, capucin flamand, qui était entré dans la Congrégation des Augustins de Paris, et, dans ce bois béni fut sculptée une statue à l'image de la *Vierge du Chêne* et qui, pour cette raison, fut depuis connue sous le nom de N.-D. de Montaigu.

Apportée en 1620 à Tournon par le père Albert de Fontgerolles, N.-D. de Montaigu fut placée dans la chapelle du collège, où l'ont vint la vénérer « enchâssée dans une niche de satin blanc en broderie », et, le 15 août de la même année, alors que l'on célébrait solennellement sa fête, la femme d'un pâtissier de Romans, Guillemette Lecomte, aveugle incurable, recouvra miraculeusement la vue pendant la célébration du Saint Sacrifice.

Sur la ville de Tournon, la Vierge bénie a depuis toujours veillé, et, par deux fois, en 1648 et en 1710, elle l'a miraculeusement préservée de la peste.

En 1659, grâce à sa divine intercession, le jeune Henry-Antoine de Raucoules, âgé de 4 ans, dont l'état était désespéré à la suite d'une violente rougeole, recouvre la santé, et, le 22 juin de la même année, M. de Raucoules, grand-père de l'enfant, dépose aux pieds de N.-D. de Montaigu un *ex-voto* attestant le miracle.

En 1727, un enfant mort-né de Jacques Forat et de Marie Pabion est porté à l'autel de la Vierge miraculeuse, et, prodige admirable, la vie revient dans le corps inerte et froid du petit enfant. Cette résurrection, attestée par un acte authentique, est consignée dans les Registres de la paroisse de Tain.

En reconnaissance de tant de faveurs, les habitants de la ville de Tournon décidèrent d'honorer publiquement la Vierge de Montaigu. Le 25 octobre 1628, les consuls et habitants firent le vœu de faire à perpétuité une procession solennelle en l'honneur de N.-D. de Montaigu, le 21 novembre, jour de la fête de la Présentation de la Très-Sainte Vierge, de faire célébrer ce jour-là une messe solennelle à son autel et de lui offrir dix livres de cire blanche.

En mars 1710, à la suite de la seconde préservation miraculeuse de la peste, on renouvelle le vœu de 1628 et on prend l'engagement d'offrir désormais à la Vierge vingt livres de cire au lieu de dix.

Lorsqu'en 1792, la Révolution chassa les religieux de leur couvent, la Vierge miraculeuse fut portée solennellement, en procession, dans l'église St-Julien, où, depuis, l'on a toujours, le 21 novembre, célébré la fête de N.-D. de Montaigu.

Bien entendu, le vœu est devenu lettre morte : les processions sont interdites, les vingt livres de cire ne sont plus offertes. La haine religieuse a passé là comme ailleurs et l'anticléricalisme officiel a anéanti toute manifestation pieuse. Les sectaires ont cru « écraser l'Infâme », et, dans leur délire stupide, s'écrier comme le poète :

> *Ton règne est mort, ô Christ, et sur nos croix d'ébène*
> *Ton cadavre céleste en poussière est tombé !*

Non, cela n'est point ! Si les processions sont supprimées, si les vœux solennels de la municipalité de Tournon ont été violés par les édiles actuels, la Vierge de Montaigu est toujours pieusement vénérée par toute la population de la région. Prions-la, puisqu'elle a sauvé deux fois miraculeusement notre ville de Tournon du fléau de la peste, de préserver notre cher Vivarais de ce fléau plus effroyable encore de la peste des âmes et des idées qui, de nos jours, sème la mort dans notre petite et dans notre grande patrie.

Que la Vierge de Montaigu veille sur Tournon, sur le Vivarais, sur la France ! Qu'elle ramène notre pays à ses anciennes traditions politiques et religieuses, afin qu'il redevienne, comme par le passé, son fief béni : *Regnum Galliæ, Regnum Mariæ.*

Pierre SILVAIN.

CHRONIQUE

La journée du 7 juin fut très belle pour notre œuvre et notre fête patronale de Saint François Régis fut dignement célébrée.

Le matin, un groupe de cent cinquante à deux cents privilégiés étaient réunis dans la belle crypte de Fourvière pour entendre la messe, et le plus grand nombre d'entre eux s'approcha de la Table Sainte. La messe dite par le R. P. Sautel, dominicain Ardéchois, fut comme à l'ordinaire, accompagnée de chants et de cantiques vivarois, à noter spécialement un magnifique « solo » au Sacré-Cœur, exécuté par notre directeur du chant.

A l'Evangile, le R. P. Sautel prononça une délicate allocution et sa vénérable parole alla au cœur de tous, surtout dans ses nombreuses allusions à la chère petite patrie. — Vivarois comme nous, comme nous éloigné de la terre natale, et de plus persécuté dans son âme de Dominicain, pour son Dieu, et au nom des fameuses lois de proscription religieuse qui sont la honte du temps présent; comment n'aurions-nous pas été délicatement émus par sa parole simple et douce où vainement nous aurions cherché un reflet des amertumes dont son cœur de religieux est abreuvé !...

La cérémonie s'acheva par le chant du *Magnificat,* la bénédiction du Saint-Sacrement et comme il convenait, c'est aux accents entraînants d'un cantique en l'honneur de Saint François Régis, que nos chers compatriotes se séparèrent non sans s'être donné rendez-vous pour la cérémonie du soir, laquelle devait nous réserver d'autres joies et d'autres émotions non moins fortes.

***

La cérémonie de l'après-midi, dans l'immense basilique de N.-D. de Fourvière, fut pour tous un sujet d'édification, de réconfort et de joie, je dirai même d'heureuse surprise car, les difficultés ne manquèrent pas aux organisateurs de notre fête patronale.

Tout était décidé et arrêté quant à la date et au programme et nos compatriotes étaient prévenus par les soins de notre revue, mais à l'avant-veille de la Fête, nous étions dans la cruelle incertitude de la réussite, n'ayant pas un prêtre pour dire notre messe et faire l'allocution du matin, pas de prédicateur pour notre sermon du soir !... Toutes nos démarches furent vaines, parce que trop

VIEUX·LYON (Quartier Saint-Jean)

Cour et porte gothiques

tardives, elles se heurtèrent à des engagements pris !.... Que faire ? — Se livrer au découragement ! J'avoue pour ma part que j'en fus bien peiné en apprenant toutes ces difficultés.

C'est alors que nous décidâmes de faire donner la *garde* ... La *garde*, vous la connaissez tous et vous la vénérez dans la sympathique et infatigable personne de notre fondateur, M. le chanoine Rey-Herme. Un télégramme lui fut adressé, lui adjoignant en termes suppliants et comminatoires tout à la fois, de sauver la situation en nous découvrant le prédicateur désiré (il nous en trouva deux et vint lui-même !). Le temps pressait, il fit à son tour jouer le télégraphe et le lendemain nous avions la joie d'apprendre par ses soins que le matin le R. P. Sautel serait des nôtres ; et que le soir, Mgr Avril, protonotaire apostolique, orateur éminent que tous les catholiques lyonnais apprécient, nous donnerait le sermon d'usage, assisté de M. Rey-Herme lui-même.

Excusez-moi d'avoir ouvert cette parenthèse un peu longue, mais il était nécessaire de dire ces choses, pour mettre en lumière, au risque d'offenser leur modestie, le dévouement de ces trois prêtres, l'un sollicitant avec la pressante insistance de l'amitié, et les deux autres acceptant la charge de préparer à l'improviste, le premier, une allocution faite de délicatesse et de pénétrante douceur évangélique ; le second un discours magnifique où la science sacrée rivalisait avec l'éloquence.

Le recueillement et l'attention soutenue de la nombreuse assistance les ont déjà remerciés tous trois de leur dévouement, qu'il me soit permis cependant de leur adresser ici, au nom de tous, l'expression de notre sincère et profonde gratitude.

Essayer de vous donner un compte rendu de cette belle manifestation religieuse serait vain de ma part, du reste près de deux mille compatriotes étaient présents, les lecteurs de cette revue étaient certainement tous représentés, inutile donc d'amoindrir par des commentaires la vivacité de leur impression.

Qu'il me suffise de souligner en passant la partie chorale et musicale, cantiques populaires chantés d'enthousiasme par toute l'assistance, un morceau de musique sacrée exécuté par des artistes de talent, un *solo* en latin du directeur de la chorale, quel charme pour le présent ! Quelles promesses pour l'avenir ! Continuez d'exercer vos aptitudes vocales, vous qui possédez ce don Divin, par vos chants, les cérémonies religieuses s'imprègnent d'une poésie plus douce et plus profonde. Vous traduisez en langage angélique nos aspirations, nos douleurs et nos joies, nos prières en sont plus puissantes et plus irrésistibles au Cœur Divin.

Quelles ardeurs généreuses et quelles résolutions viriles s'imposent, germent et fleurissent dans les cœurs, lorsque, les yeux tour [à tour fixés sur le Dieu vivant de l'Eucharistie et sur le Drapeau symbole sacré de la Patrie, nous prions de toute notre âme de chrétien et de français.

Vivarois, né laissons pas se dessécher, au vent de l'incroyance et de l'indifférence ces dons précieux que la Providence nous envoie. Que la Croix, image du sacrifice, que le Drapeau, symbole frémissant et glorieux de la Patrie soient toujours nos inspirateurs et nos guides.

L'heure est décisive et plus que jamais, il est défendu de se réfugier dans l'équivoque et dans l'indifférence, nous devons suivre Dieu. De toutes parts, des clameurs de haine éclatent; répondons-leur par des cris de foi et d'espérance.

Vivarois! enrôlez-vous sous le Drapeau de l'Union, bataillez pour son succès, priez pour son triomphe. — Que nul obstacle ne vous arrête, qu'aucune difficulté ne vous lasse.

Soyez fermes dans vos résolutions, soyez inébranlables dans vos convictions, comme le granit de nos montagnes !

Prenez comme devise, la fière parole de Jeanne d'Arc: « Les hommes d'armes batailleront et Dieu donnera la victoire ! »

Pierre DARDÈCHE.

GUERRE AUX IVROGNES

Bacchus et Pernod, son compagnon, surent se créer, même chez nous, des amitiés durables. Un bon « canon » reste une marque excellente d'hospitalité. Et — Esculape m'ouvre le ventre si je mens — la joie, l'espérance, la santé, la vie rient dans la coupe rubiconde !

N'est-ce pas ce sang généreux de nos coteaux qui enflamme notre parler si fraîchement spirituel, qui allume notre clair regard, qui enlumine aussi joyeusement nos bonnes rondes figures, grosses pommes rainettes ?

La Nanette ne vous conta-t-elle donc pas, avec maints gestes dramatiques, huilés de force larmes, comment son Claude moribond retrouva la santé dans un verre de rose piquette ? J'entends encore ses douloureux *pécaïre*. Je vois sa tête se secouant désespérément sur des genoux anguleux que recouvrent deux bras longs et décharnés.

Vermifuge, reconstituant, anticholérique, voilà en quels termes le pharmacien du village — qui est un grand homme — vantait un vin pourtant ranci qu'il n'avait pu vendre l'an passé.

Vais-je, moi, briser la bouteille ?

Bacchus m'en garde !

Qu'il me permette simplement de réhabiliter la limpide carafe, dût en souffrir le pétillant Saint-Péray.

Plus courageusement, c'est aux ivrognes que j'en veux.

Nul n'est mieux venu à parler d'un vice que celui qui le possède.

Vous jugerez de ma compétence.

Oh ! la question n'est pas nouvelle, quoique à la mode. Pour un coup, il nous faut regresser jusqu'au déluge. Notre aïeul Noé, dit-on, fut le premier à s'enivrer. Mais il eut une excuse, celle de la surprise ; un mérite immense, celui de ne plus recommencer. Autrement coupable se montra la vieille Rome. Comme bien d'autres vices, l'ivrognerie eut son culte. Bacchus, c'était le dieu. Vous connaissez tous cette sorte de caricature à la fois physique et morale qui effraye les enfants. Une tête en bouteille de champagne, un ventre en forme de tonneau.

Mais, les fumées du vin pourraient-elles avoir de conception plus élevée ?

Bacchus avait ses autels ; ses prêtres, les Bacchantes ; ses fêtes, les Bacchanales. L'expression populaire « faire bacchanal » souligne suffisamment tout le recueillement de ces genres de cérémonie. Notre Carnaval en est resté un aussi disgracieux vestige.

Faut-il, par surcroît, rappeler toutes les orgies de la Rome décadente où le Romain boit pour s'enivrer et rouler sous la table ?

La vieille Grèce — femme de grâce aux goûts d'artiste — tomba dans ces grossièretés. Homère nous raconte comment les compagnons d'Ulysse périrent victimes de leur ivrognerie. L'alcool devient ruse de guerre. On enivre son ennemi pour mieux s'en rendre maître.

Les Vandales à leur tour, vainqueurs un instant de l'Europe, repus de vin et de plaisir, sont anéantis par les Byzantins. Ceux-ci cèdent à la tentation et commettent les mêmes excès.

Mais la Providence veille à tout. Le mal suscite toujours une réaction. Ces abus appelèrent des tentatives de répression.

Rome interdit l'usage du vin aux femmes, mais Horace vante le « Salerne » et le *nunc est bibendum* est un refrain souvent entonné. La célèbre école de médecine de Salerne conseille de ne s'enivrer qu'une fois par mois. C'était une règle, une limite. Inutile de dire qu'elle fut bien souvent dépassée.

Les Grecs firent aussi effort.

Pour dégoûter les jeunes gens des boissons fortes, on leur offrait en spectacle des esclaves avinés. Cette mesure aurait eu, paraît-il, des résultats. Aujourd'hui, le succès serait plus douteux : on rirait, rien de plus. De même, les lois grecques punissent les marchands de vin non additionné d'eau. Les temps sont bien changés.

Plus près de nous, Mahomet prohibe l'alcool et les boissons fermentées à ses adeptes, ce qui n'empêcha pas les Arabes, au XIIe siècle, de découvrir l'alambic et la distillation. C'était la voie ouverte aux plus funestes trouvailles. Un peu plus tard, au XIVe siècle, un français, Armand de Villeneuve, extrait du vin l'eau-de-vie — bien sarcastique appellation. — Au XVIe siècle, Libadius de Saxe trouve l'alcool industriel. Le génie peut-il donc être aussi aveuglément cruel !

Notre France fut-elle aussi envahie par le fléau ? Le Grand Charlemagne lance de sévères édits. Rabelais vint. La dive bouteille est remise en honneur. François Ier édicte l'ordonnance qui suit : « Quiconque sera trouvé ivre [sera incontinent constitué prisonnier au pain et à l'eau pour la première fois. Si secondement il est repris, sera en outre battu de verges et de fouet, puni d'amputation d'oreilles et d'infamies, et de bannissement de sa personne ». On devait, j'imagine, trinquer avec prudence.

Jusqu'en 1678, Louis XIV permet la vente de l'alcool aux seuls pharmaciens.

A partir de cette date, l'alcool inonde le commerce. Apéritifs, digestifs, toniques, bouteilles ventrues ou effilées, aux saveurs les plus raffinées, aux couleurs les plus aguichantes, surgissent et se rangent sur les rayons des débiteurs.

Madame savoure, en potinant, une Bénédictine, pendant que Monsieur s'intoxique à un glauque Pernod.

Terrible, terrible inondation plus désastreuse que les crues fortes et passagères de notre Rhône impétueux ! Exposer les méfaits de ce triste ennemi, l'alcool, épuiserait les glandes salivaires les·plus volumineuses. Vous supporterez plus facilement une autopsie.

Ouvrons un alcoolique, quels ravages ! Le tube digestif est ulcéré ; le cœur, le rein, le foie sont dégénères, le poumon est déjà miné et creusé par la tuberculose, les artères ont durcies. Pour avoir la mesure des troubles causés par l'alcool sur le cerveau et le système nerveux, il nous suffira d'assister à .une de ces scènes tragiques d'alcoolisme.

Nous sommes dans un logis ouvrier pauvre et étroit. C'est le samedi, jour de paye. Minuit vibre à la grande horloge. La mère tricote pour accroître des ressources insuffisantes. Trois petits enfants dorment, à côté, dans un berceau. Seul, le calme repose sur ces visages angéliques que dore discrètement une faible lumière. Parfois la mère lève ses yeux caves et pousse d'angoissants soupirs. L'heure tombe sans pitié « Il n'est pas là ». O pères cruels, pouvez-vous songer à toutes ces choses, sans repentir et sans résolution.

Mais la mère aux écouts s'est penchée et s'est levée. Des pas lourds et désordonnés ont retenti dans l'escalier. « Le voici ». De grands coups heurtent brutalément la porte, qui s'ouvre. Et un homme — peut-il ainsi se nommer, — un homme d'une expression puissamment sauvage, pénètre. Dans sa physionomie que la congestion carmine et violace, deux yeux vitreux et injectés de sang, rugissent. Sa lèvre se tord et vomit des insultes à l'adresse de sa pauvre femme. Chez celle-ci, pas une parole, pas un reproche, mais le calme du sacrifice. Elle s'adosse maintenant au berceau et son bras recouvre la tête des trois chérubins. Soudain, la brute, que ce silence et cette placidité énerve, soulève un poing massif. Mais la mère a levé ses yeux vers le ciel. Un ange, l'ange de l'innocence, est accouru. L'ivrogne trébuche et s'effondre. Tout son corps est secoué d'un tremblement convulsif. Ses yeux roulent d'une. façon horrible, sa bouche grimaçante laisse écouler un liquide visqueux. C'est le *delirium tremens.*

Pourrai-je vous inspirer tout mon écœurement, mon encre sera-t-elle assez noire ?

Que Dieu aide ma plume, comme il arrête le bras de l'ivrogne !

Victor TASTEVIN.

Conte de Noël

(Pour rafraîchir, en Juillet, la mémoire de nos lecteurs)

LES cloches sonnaient à toute volée... sur le tapis d'hermine qui couvrait la terre, les étoiles irradiaient leurs rayons d'argent... C'était minuit... C'était Noël !...

Le temps était calme mais il faisait froid... très froid... Aussi, un pieux et saint évêque, à genoux au pied de l'autel, pensait-il à ceux de ses enfants qui souffraient et grelottaient sous les cuisantes morsures de l'hiver.

Avec quelle ferveur il priait pour ses enfants prodigues... loin... bien loin de lui, et qu'il ne pouvait ni aider, ni consoler.

Loin du pays natal... du clocher... du toit paternel, que devenaient-ils ? que faisaient-ils ?...

N'oubliaient-ils pas les chants de Noël, et comprenaient-ils encore l'appel des carillons joyeux qui leur annonçaient la naissance du Sauveur ?

Terribles et angoissantes pensées pour notre saint évêque.

Il prie du plus profond de son cœur pour les absents et demande au doux Jésus de les garder et de les rendre à son troupeau.

Quand soudain, sur une nuée lumineuse l'Enfant Sauveur lui apparaît, et dans la plus suave harmonie, car la voix de l'Enfant-Dieu est d'une douceur et d'un charme infinis. Il lui dit d'aller, la houlette à la main, vers ses enfants prodigues, de les réunir autour de lui pour les conduire sur la colline sainte, et là, sous le regard maternel de Notre-Dame de Fourvière, de leur apprendre qu'on ne les oublie pas au pays natal... là-bas où près de la vieille église reposent leurs parents bien-aimés. Il leur dira de ne pas oublier davantage leur clocher et leurs amis, de se grouper, de s'aimer et gravir souvent la colline sainte pour y prier nombreux, très nombreux la Reine de la belle cité lyonnaise.

Notre pieux évêque chargea un de ses plus vaillants disciples d'aller, en son nom, réunir le troupeau égaré.

C'était Noël!... Les cloches sonnaient à toute volée dans leurs sombres cages de pierre. Les lumières brillaient et les ors étincelaient éblouissants. Les chants et l'encens montaient suaves vers la voûte de nos églises romanes et gothiques... Un universel *Alleluia* montait vers le ciel.

Comme l'Enfant Jésus... dans la même pauvreté... venait de naître dans l'esprit de Dieu, l'Union catholique des Ardéchois lyonnais.

Que lui donnerait-Il à cette union de souffreteux, grelottant de froid et tendant la main dès son premier pas... que lui donnerait-Il... comme don de joyeux avènement ?

Sans doute un palais bien chauffé ?... il faisait si froid ! ... de l'or... et une vie facile ?...

Dieu lui donna plus que cela... mieux que cela... Il lui donna l'amour de la charité chrétienne... celle qui grandit ceux qui la pratiquent et ceux qui la reçoivent puisqu'elle vient de leurs amis... de leurs compatriotes, chrétiens comme eux... enfants de Dieu, comme eux.

Qu'elle était belle la pensée suggérée à notre évêque vénéré, et combien le bénissent, aujourd'hui, ceux qui ont répondu à son appel.

Mais les sentiers, comme les grandes routes qui conduisent au sommet où brille le signe de la Rédemption, ne sont pas sans épines.

La croix était si lourde même pour les épaules de Jésus, qu'Il se fit aider pour la porter.

Celle qu'a posée sur nos faibles épaules notre saint évêque, serait certainement bien au-dessus de nos forces. Mais Jésus se fit aider... A son tour maintenant de soulever le côté le plus lourd.

La montée est rapide et les épines ne manquent pas, mais nous avons des jarets de montagnards et avec Jésus pour nous aider, les obstacles ne nous effrayeront pas.

En demandant à MM. les curés de l'Ardèche d'être les premiers souscripteurs à notre Union, notre but, ou plutôt notre désir était qu'ils restent toujours de cœur avec nous afin qu'à l'occasion, ils puissent nous parler de notre pays et de ceux que nous y avons laissés.

S'ils savaient comme il est doux à nos oreilles, cet écho qui vient du pays, ils ne resteraient pas sourds à l'appel de ceux qui, comme Joseph et Marie, la veille de Noël, viennent frapper de porte en porte.

Que ce soit celle du presbytère, de l'habitation d'une âme pieuse ou du cercle de cette jeunesse catholique qui, dans chaque paroisse, forme une petite armée de braves, que nous importe.

Certes, nous ne refusons pas l'obole qui doit nous permettre de vivre. Mais, ce que nous voulons avant tout, c'est de rester en relation constante avec les nôtres, avec ceux qui sont au pays car nous éprouvons le besoin de causer avec eux.

L'exil nous paraîtra moins dur et le retour plus facile, si nous ne sommes plus des oubliés.

On saura, au pays, que notre cœur bat toujours au souffle qui vient de là-bas... de nos montagnes.

Comme vous le verrez, nous avons réuni, ici, beaucoup de pierres vivaroises mais il nous manque le mortier pour pouvoir les utiliser et bâtir l'édifice. Les maçons et l'architecte n'attendent que cela pour se mettre à l'œuvre.

Quelques timbres de dix centimes représentant l'abonnement à la Revue ; plus si vous le voulez, et les cloches de Noël carillonneront votre nom qui s'inscrira en lettres d'or sur le grand livre de Saint Pierre, car vous serez devenu le collaborateur de Dieu... « *Gesta Dei per francos* ».

Pierre de BASALTE.

PRIVAS

Noces sacerdotales de M. l'abbé Roure, curé-archiprêtre de Privas. — La paroisse de Privas a voulu célébrer, le 28 mai 1914, les noces d'or sacerdotales de son vénéré et bien-aimé curé-archiprêtre, M. l'abbé Roure, et, vraiment, elle a fait royalement les choses.

Sur tout le parcours de la cure à l'église, ce n'était que guirlandes, arcs de triomphe, inscriptions, proclamant la reconnaissance des Privadois. L'Eglise elle-même était pavoisée avec magnificence, et, une heure avant la cérémonie, elle était envahie par une foule respectueuse et toute vibrante de sympathie.

Quand M. le curé de Privas, assisté de M. l'abbé Rey-Herme, et de M. l'abbé Caussin, anciens vicaires, entouré d'un nombreux clergé, monte à l'autel pour célébrer le Saint-Sacrifice de la messe, un majestueux *Introïbo ad altare Dei* éclate, exécuté par la chorale paroissiale, qui interprètera avec non moins de bonheur la « Messe du Sacre » de Brune.

A l'Evangile, Mgr Bonnet, évêque de Viviers, monte en chaire, et, dans une allocution aussi riche de fond que de forme, magnifie en M. l'abbé Roure *le prêtre, le pasteur, le jubilaire*. De telles paroles, tombées d'une telle bouche, disent avec une éloquence à laquelle tous les cœurs applaudissent, les mérites et les vertus d'un curé exemplaire.

Au banquet intime qui eut lieu à l'école libre des garçons, Mgr, dans un toast d'une bonhomie originale et charmante, compléta le portrait du Jubilaire, en faisant connaître ses défauts, mais en lui souhaitant... de ne pas s'en corriger, puisqu'ils étaient le couronnement de ses qualités. A leur tour M. Filiat, maire de Privas, M. Prunel, M. Dunan, M. l'abbé Rey-Herne, M. l'abbé Giraud lui apportèrent, respectivement, l'hommage de la ville de Privas, du Conseil paroissial, de la Jeunesse catholique, des anciens vicaires et de tout le clergé du canton. Quant au vénérable et cher archiprêtre, toujours modeste et oublieux de lui-même, il n'accepta tout le bien qu'on disait de sa personne que pour en reporter le mérite sur son évêque, et sur tous ceux, prêtres et laïques, qui, de près ou de loin, avaient été ses collaborateurs.

Telle fut cette admirable fête, qui se clôtura à 3 heures 1/2 par un Salut solennel, et à laquelle la population entière s'est associée avec une cordialité et un tact dignes de tout éloge.

Funérailles. — Il y a quelques jours, ont eu lieu à Coux, au milieu d'une nombreuse assistance, les obsèques de Mme Marie-Caroline Paillart, veuve de M. le général Ladreit de La Charrière.

Après la cérémonie religieuse, en l'Eglise paroissiale de Coux, l'inhumation a été faite dans un caveau de famille où repose le général Ladreit de La Charrière qui, il nous sera permis de le rappeler, déjà dans le cadre de réserve au moment de la déclaration de la guerre de 1870, reprit du service pour participer à la défense du territoire et fut mortellement blessé à la bataille de Montmédy, le 30 novembre 1870.

TOURNON

La Fête-Dieu. — La cérémonie de la Fête-Dieu a été célébrée dimanche dans notre paroisse avec beaucoup de solennité et de piété.

Nombreuse assistance aux messes et beaucoup de communions, telle fut la caractéristique de cette belle journée.

Aux vêpres, procession dans l'intérieur de l'Eglise et bénédiction du Saint-Sacrement aux autels de Saint-Clair et Saint-Eutrope, de Saint-Joseph et au maître-autel.

A ce propos, une particularité est à signaler.

Tandis que la liberté de la rue et les manifestations religieuses sont interdites aux catholiques, par contre elle est laissée aux cortèges laïques qui s'y déroulent librement.

C'est ainsi que le jour de la Fête-Dieu, — est-ce une coïncidence voulue par les organisateurs ? — tandis que les catholiques ne pouvaient témoigner que dans l'église l'hommage de leur vénération à leur Dieu, les écoles laïques du canton, des sociétés musicales, gymniques et autres déroulaient leurs longs cortèges dans ces mêmes rues de notre ville.

Voilà ce qu'on appelle la liberté !...

AUBENAS

Fête-Dieu. — Cette belle solennité a été célébrée hier avec son éclat accoutumé dans notre paroisse. Les pieux exercices de la journée ont été suivis par une nombreuse affluence de fidèles. Le soir aux vêpres, comme notre commune ne jouit plus hélas ! du rare et consolant privilège d'avoir la liberté complète pour les cortèges et manifestations extérieures du culte, la procession traditionnelle a eu lieu dans l'intérieur de l'église et les jeunes thuriféraires et les tout

petits qui jetaient des fleurs sur le passage du Saint-Sacrement se sont très bien
acquittés de leurs délicates fonctions.

VIVIERS

La Fête-Dieu. — Notre ville étant un des rares pays où il reste encore un
peu de liberté pour les catholiques, a vu, dimanche dernier, défiler dans ses
rues la traditionnelle procession de la Fête-Dieu. Elle a été célébrée avec l'éclat
accoutumé, et sur tout le parcours les maisons étaient très bien décorées de
draperies, de verdure et de fleurs. De magnifiques reposoirs étaient édifiés sur
la place de la Mairie, sur la place Riquet, à l'école libre des filles et dans la
cour du château de M. Léon du Grail. Toutes les confréries de la paroisse, les
enfants des écoles libres, la société de gymnastique avec ses tambours et clairons, et la fanfare des usines de Lafarge rehaussaient par leur présence cette
belle cérémonie. Le Saint-Sacrement était porté par M. Hilaire, vicaire général,
sous un magnifique dais tenu par des hommes. Mgr Bonnet, notre vénéré
évêque suivait, un cierge allumé à la main. Derrière, une foule d'hommes faisait une escorte d'honneur au Dieu de l'Eucharistie.

Sur tout le parcours, la foule très nombreuse, parmi laquelle on remarquait
un grand nombre d'étrangers venus pour voir un spectacle de plus en plus rare,
était silencieuse et très recueillie.

VALS-LES-BAINS

Mort du colonel Vitalis. — M. Alphonse Vitalis, colonel en retraite,
à Vals-les-Bains, gérant des Sources Vivaraises, est décédé mercredi matin,
10 juin.

Né le 29 mai 1834, à Joyeuse, il entra à l'Ecole spéciale de Saint-Cyr en octobre 1857. Promu rapidement au grade de capitaine, puis le 12 juin 1878 à
celui de chef de bataillon, il termina sa brillante carrière comme lieutenant-
colonel au 3e zouaves.

M. le colonel Vitalis fut comme capitaine à la campagne de 1870-71 ; comme
chef de bataillon à la légion étrangère, à la campagne du Sud-Oranais du
6 mai au 1er décembre 1883. Officier du corps expéditionnaire du Tonkin, de
décembre 1884 en mai 1885, sous les ordres de l'amiral Courbet, il fut blessé
à l'attaque de Kélung.

Parmi ses nombreux titres, il avait ceux d'Officier de la Légion d'honneur et
de commandeur du Dragon de l'Annam ; il était médaillé de 1870, du Tonkin
et de la coloniale.

Jeune lieutenant en garnison à Nancy, il suivit les cours de droit à la Faculté
de cette ville et fut reçu licencié.

Président d'honneur de diverses sociétés de préparation militaire et de groupement gymnique, il aima particulièrement son Association des Médaillés des armées de terre et de mer.

Nous nous inclinons devant la dépouille mortelle du colonel Vitalis, et présentons à sa famille nos sentiments de condoléance.

ANNONAY

Mariage.—On a célébré, dans l'église Saint-Joseph-de-Cance, le mariage de M. Joseph-Régis-Maurice Béchetoille, commissionnaire en peaux, à Annonay, avec Mlle Anne-Marie-Félicie Durand, fille de Mme veuve Durand, d'Annonay.

Le chœur de l'église avait été artistement décoré de plantes et de fleurs et c'est devant une assistance élégante et très nombreuse, qu'a eu lieu la cérémonie.

La bénédiction nuptiale a été donnée par M. l'abbé Cadet, curé de la paroisse, qui a prononcé une délicate allocution de circonstance.

Décès. — Nous apprenons le décès, à Paris, en son appartement de la rue Las-Cases, de Madame la Comtesse de Vogüé, née de Beauchamp.

Nous prions M. Félix de Vogüé, avocat à la Cour, fils du regretté Eugène-Melchior de Vogüé, de l'Académie française, qui fut député d'Annonay, de bien vouloir agréer nos respectueuses condoléances.

JOYEUSE

Le prix des cocons. — Les premiers cocons de l'année ont fait leur apparition. Les sériciculteurs les ont présentés aux acheteurs qui ont promis le prix de la saison. On sait combien cette façon de procéder a été critiquée chaque année. Malgré cela, on semble rentrer dans les mêmes errements. Pourquoi ne pas s'entendre pour vendre par l'intermédiaire des syndicats, qui offrent toujours des prix plus avantageux pour les sociétaires. On parle cependant de 4,10 sur les marchés voisins. Il est probable qu'ils se vendront 4,25 le kilo, ce qui, avec la prime de 0,60, fait un chiffre raisonnable.

SAINT-ALBAN-SOUS-SAMPZON

Funérailles. — Dernièrement, ont eu lieu dans notre paroisse les obsèques religieuses de M. Maigron Eugène, décédé dans sa 83me année. Une foule nombreuse accompagnait le défunt à sa dernière demeure, car il appartenait à une des plus honorables et estimées familles de notre localité.

Capitaine de cavalerie en retraite, chevalier de la Légion d'honneur,

M. Maigron Eugène s'était engagé à dix-huit ans pour suivre la carrière des armes. Entré à Saumur, il en sortit sous-lieutenant de cavalerie.

En 1870, il fit vaillamment son devoir avec le grade de capitaine. Prisonnier à Metz, il subit plusieurs mois de captivité à Stettin. Entre temps, le frère aîné du défunt, encore vivant, s'engageait dans le régiment des mobiles de l'Ardèche, dont il devint un des vaillants capitaines.

Dans le cortège, figuraient au complet le Conseil municipal de Saint-Alban, de nombreux amis de la famille. Le deuil était conduit par le frère aîné du défunt, M. Paul Maigron, et son neveu le lieutenant-colonel Boutan, aux hussards, à Vienne.

Nous adressons aux familles Maigron et Boutan nos plus sincères condoléances.

SAINT-MARTIN-D'ARDÈCHE

Sur l'Ardèche. — Pour la première fois de leur vie, les habitants de la commune ont pu voir le premier canot automobile naviguer devant Saint-Martin et faire le voyage de Saint-Martin aux grottes de Saint-Marcel-d'Ardèche.

C'est M. Rochier, propriétaire de la filature qui se trouve sur les bords de l'Ardèche, qui a été le promoteur de ce système de navigation dans notre pays, et c'est lui qui, le premier, aura fait ronfler son moteur entre les rochers escarpés et si pittoresques des gorges de l'Ardèche.

ROSIÈRES

Nécrologie. — M. Michel Fayolle vient de mourir, à l'âge de soixante-douze ans.

Ses obsèques ont eu lieu en présence d'une foule nombreuse, que l'on voit rarement. Le drap mortuaire était porté par des camarades de la classe du défunt : MM. Vannière Emile, Blanc, Bertrand, Boissin.

M. Michel Fayolle était le père de M. Léon Fayolle, notre abonné, retiré depuis quelque temps à Rosières, auquel nous présentons nos condoléances.

JAUJAC

Fête de la Société de Secours mutuels. — La Société de Secours mutuels vient de donner sa fête annuelle, au milieu du plus grand enthousiasme. La veille au soir, une brillante retraite aux flambeaux a égayé notre belle cité ; le lendemain, tour de ville en musique, avec presque la totalité des sociétaires, bannière déployée ; enfin, banquet très bien servi par M. Leynaud, sous la présidence de

M. Combe et de M. Guéraud, notre estimable maire, président d'honneur, qui leur a adressé un speech de circonstance et très bien choisi.

Honneur à cette importante société, qui maintient si bien ses traditions et son rôle humanitaire.

Allons, debout les retardataires ; les hésitants, enrôlez-vous sous cette bannière bienfaisante, il fait beau sous son ombre, il est réconfortant de se serrer les coudes une fois par an dans cette grande famille. Ne nous arrêtons pas, malgré la période confuse du moment, où malheureusement, certains organes tiennent un langage indigne du siècle où nous vivons ; évitons ces heurts. Ce n'est pas de cette manne qu'a besoin le peuple ; il a besoin d'union, il a soif de justes réformes et de progrès, il ne le trouvera que dans la concorde des bons citoyens. Dans nos sociétés, dans nos syndicats présents ou futurs, c'est la route à suivre, c'est le monument de demain ; il faut qu'il devienne aussi solide que le granit de nos montagnes. Comme certains d'entre nous, le jaucaçois ne pensait nullement à cette grande œuvre, mais, le temps et la patience font germer le grain ; il faut semer avant de récolter, et j'appelle le jour de cette belle moisson, de la réelle fraternité.

Aristote disait : « L'amitié est un besoin de l'homme ». Point n'est besoin de la sagesse d'un Socrate pour que ce besoin soit une réalité.

Haut les cœurs, le printemps nous y invite ; du haut de nos coteaux, nos arbres élancés jettent déjà vers le ciel leurs tiges fleuries, semblables à des torches illuminant ce beau spectacle.

Allons debout et *mountoren toujou* vers ce beau rendez-vous, vers l'unique progrès, pour la France, pour l'Ardèche, et enfin, pour notre cher Jaujac.

Union Catholique des Ardéchois Lyonnais

MEMBRES FONDATEURS

M. le Chanoine Rey-Herme curé de Saint-Peray.

M. le Chanoine F. Marnas, vicaire général.

M. Seignobos, 4, place Puvis-de-Chavannes.

M. E. Bertoye, 29, cours Morand.

M. L. Gaucherand, 26, Quai Tilsitt.

M. Maurice de la Croix-Laval, 22, Quai Gailleton.

M. Fl. Benoit-d'Entrevaux, 33, rue Jarente.

M. de Gailhard-Bancel, député de l'Ardèche.

P. D. à Lyon.

MEMBRES BIENFAITEURS

Mme la Duchesse d'Uzès, 76, rue de Courcelles, Paris.

M. Charles Joannard, 7, rue Auguste-Comte.

M. Gustave Deval, 45, avenue de Noailles.

M. Camille Franchon, 2, rue Malesherbes.

M. Marcel Frachon, 21, rue de la République.

Mlle Marie de Missolz, 30, Boulevard des Brotteaux.

Mme Borelly, 47, Grande-Rue des Charpennes.

M. Fernand Vacher, 36, cours Morand.

M. l'abbé Delenne, professeur au Collège St-Michel (Aubenas).

M. Mercier, horloger, 3, p. Ampère.

M. Frécon-Frachon, 1, r. Penthièvre.

MEMBRES HONORAIRES

M. R. de Soras, 12, rue Alphonse-Fochier.

Mme Pignal, 1, quai des Brotteaux.

M. de Chalandar, 30, cours Eugénie, Lyon-Montchat.

Cte de la Croix-Laval, 5, quai d'Occident.

M. F. Seignobos, Andrézieux (Loire)

Henri Aulagner, chirurgien-dentiste. 21, cours Lafayette.

M. Marqueyrol, 2, rue Paradis.

Mme Barbarin, 28, rue Thomassin.

M. M. Vallot, 28, Rue Alexandre-Boutin.

M. Tastevin, 28, quai de la Guillotière.

Mme Brochier, 27, cours Lafayette.

Mlle Marie Magnolon, 40, rue Sala.

M. Clot, chapelier, 52, rue de l'Hôtel-de-Ville.

M. E. Giraud, 9, rue Bât-d'Argent.

Mme Revol, 29, rue du Bœuf.

M. Louis Liegey, 12, Place Raspail.

M. Aug. Audoard, 7, quai de l'Est.

M. Fabre, 127, r. Sébastien-Gryphe.

Les listes très incomplètes qui précèdent seront mises à jour par notre prochain numéro de la Revue, et seront suivies par celle des abonnés.

La Société, s'étant imposée une très lourde charge en publiant une revue mensuelle, invite tous ceux qui s'intéressent à notre œuvre de la seconder de tout leur pouvoir en la faisant connaître et en faisant parvenir, au plus tôt, au siège de la Société, 6, rue Mulet, le prix de 2 francs, qui leur est demandé pour l'abonnement de la Revue.

Tous nos compatriotes auront certainement à cœur de nous seconder, en nous amenant de nombreux abonnés.

L'Imprimeur-Gérant : P. GRANGE.

L'ARDÈCHE
Lyonnaise et Stéphanoise

ORGANE DES CATHOLIQUES LYONNAIS & STÉPHANOIS

M. le Chanoine REY-HERME
Curé-Archiprêtre de Saint-Péray (Ardèche)
FONDATEUR DE LA REVUE

M. Fl. BENOIT-D'ENTREVAUX
DIRECTEUR

LYON
DE L'IMPRIMERIE P. GRANGE & Cie
RUE JEAN-CARRIÈS, 2

—

1914

AVIS IMPORTANTS

CONCERNANT « L'ARDÈCHE LYONNAISE ET STÉPHANOISE »

1º La Revue paraîtra le 1er de chaque mois.

2º Toutes les communications destinées à la Revue devront parvenir à la Rédaction avant le 15 de chaque mois. Les communications faites après, seront insérées dans le numéro suivant ou supprimées si ce retard les rend sans intérêt.

3º La Rédaction se réserve le droit de modifier ou de supprimer les communications destinées à l'impression. Elle n'accepte pas les articles politiques.

4º Ecrire très lisiblement et sur un seul côté de la feuille.

5º La Rédaction rendra compte de tous les ouvrages qui lui seront adressés en double exemplaire ; si, bien entendu, ces ouvrages ne contiennent rien contre la morale et la religion.

Pour tout ce qui concerne la Rédaction de la Revue. S'adresser à M. Fl. BENOIT-D'ENTREVAUX, *33, Rue Jarente, Lyon.*

Pour ce qui intéresse la Société en général, s'adresser à son Président, M. E. SEIGNOBOS, *4, place Puvis-de-Chavannes,* ou au siège de la Société, *6, rue Mulet, Lyon.*

Conditions d'Abonnement à la Revue :

Un an **2 fr.** pour les Ardéchois de Lyon et de Saint-Etienne ;

— **2 fr.** pour Messieurs les Curés de l'Ardèche ;

— **2 fr. 50** pour les habitants de l'Ardèche ;

— **3 fr.** pour les étrangers au Vivarais.

Faire parvenir le prix de l'abonnement en un mandat ou timbres-postes à M. de La CROIX-LAVAL, 22, Quai Gailleton, Lyon.

M. de La CROIX-LAVAL recevra également les souscriptions fixées à un minimum de :

5 fr. pour les membres honoraires,

10 fr. — — bienfaiteurs

50 fr. — — fondateurs

dont les noms seront publiés dans la Revue.

OUVROIR. — Nous rappelons aux Dames Ardéchoises qu'un ouvroir est ouvert et fonctionne *au siège de l'U. C. A. L., 6, rue Mulet, au 1er,* tous les

Mercredis, de 2 à 4 heures du soir ;

— *de 8 à 10 heures du soir.*

Nous faisons un pressant appel aux dames qui voudront bien apporter leur concours et travailler pour nos compatriotes déshérités.

Nous réserverons, dans la Revue, une place spéciale **AUX DEMANDES ET OFFRES D'EMPLOIS,** pour les Ardéchois habitant Lyon depuis un an.

L'ARDÈCHE

Organe Catholique des Lyonnais et des Stéphanois

Notre Premier Pèlerinage à La Louvesc

« L'homme propose et Dieu dispose! »

Au lendemain de ce rapide voyage à La Louvesc, tout rempli d'enthousiasme et le cœur vibrant encore d'émotion, je me proposais de vous écrire une de ces chroniques !.. Je ne vous dis que ça !.. Hélas, trois fois hélas !.. les jours ont passé, succédant aux jours, chacun apportant son petit contingent, sa petite part de menus soucis, de difficultés, d'empêchements, de peines de toutes sortes, le tout amalgamé et cimenté de paresse, si bien qu'au dernier moment, talonné par l'imprimeur, rappelé à l'ordre par le directeur de la Revue, je me vois contraint de jeter pêle-mêle sur le papier quelques notes hâtivement prises, et quelques impressions déjà lointaines. Soyez donc indulgents, chers lecteurs, pour votre compatriote, car la chaleur est excessive et l'énergie et le courage se diluent, le cerveau embué de sueur refuse ses services, mais l'imprimeur n'admet pas d'excuses.

* * *

Donc le samedi 27 juin dernier, cinquante compatriotes étaient réunis sur le quai de la gare de Perrache et attendaient sous un clair et chaud soleil d'été, l'heure du départ vers la terre promise ! Cinquante, ce n'est hélas pas beaucoup ; mais nous connaissons tous et pratiquons l'Evangile, nous comprendrons facilement alors qu'il y ait beaucoup d'appelés et peu d'élus. — Peu d'élus, en effet, la vie chère, l'Exposition, et mille et un détails de l'existence moderne compriment beaucoup les budgets ; les Ardéchois, à quelques exceptions près, ne sont pas riches, et alors vous comprenez sans peine, une dépense nouvelle non prévue à l'avance, c'est quelque chose d'énorme à affronter. Nous étions donc cinquante ; mais le drapeau de l'Union était avec nous, nous valions donc toute une armée.

Disons tout de suite que l'organisation fut parfaite, grâce au dévouement et à la bienveillance de l'organisateur matériel du pèlerinage, M. de Verneuil.

M. DE LA CROIX-LAVAL, absent, prie ses compatriotes de s'adresser, pendant son absence, au Siège de la Société ou à son Président.

LA LOUVESC. — Vues de la Basilique.

Pour la partie religieuse, nous eûmes à souffrir beaucoup de la défection de notre cher fondateur, M. le Chanoine Rey-Herme ; ne lui en voulons pas trop, ce sont nos compatriotes de Saint-Etienne qui nous l'ont enlevé ce jour-là, et puisqu'ils sont nos frères en exil, soyons généreux, pardonnons !..

Le voyage s'est accompli sans incident, notre directeur de chant nous avait gratifié d'un programme pieux, abondant et varié, et les cantiques succédant aux chapelets, quelques instants de répit venant au secours de nos voix en faisant taire les cantiques, la trépidation du train, l'aspect enchanteur de la campagne qui fuit sur les rives du grand fleuve, le tout aidant un peu, fit qu'à l'arrivée à Saint-Rambert-d'Albon, chacun fut agréablement surpris et fut tenté de s'écrier : « Déjà ! ».

Un repas hâtivement pris, peu de fricot, mais beaucoup de joie et de bonheur pour compenser, et nous voilà installés dans le train d'Annonay, arrêt à Peyraud, quelques minutes d'attente et bientôt, agréable surprise, M. Rey-Herme, souriant et heureux de faire un brin de route avec ses chers Ardéchois lyonnais nous arrive par la correspondance du Teil et nous accompagnera jusqu'à Annonay. Il nous vient à point pour présider à la prière du soir faite en commun, puis pour rédiger et nous remettre le texte de la consécration à Saint François-Régis que notre Président doit lire solennellement le lendemain au pied de l'autel et devant les restes vénérés du saint que nous aimons tant.

Arrivés à Annonay, à 8 heures du soir, chacun se hâte vers l'autobus, car le temps presse, la route est longue et la montée bien dure. Certains ont néanmoins le temps d'embrasser au passage des parents venus à leur rencontre et saluer la vieille ville noire et bossue, lieu de naissance de quelques-uns.

Ici, votre serviteur doit faire publiquement un *mea culpa;* chargé de la direction des exercices pieux devant être faits en cours de route avec ses covoyageurs du même autobus, il a déserté ce poste d'honneur et sous prétexte de laisser une place assise à l'intérieur, un coup de vent d'indiscipline l'a transporté jusque sur l'impériale ; et là, incorrigible rêveur, en compagnie de deux déserteurs comme lui, enveloppé dans la brume du soir, et dans la bâche de la voiture, dédaignant sans remords les nécessités réelles et pressantes de la prière, il s'est grisé d'air pur, de senteurs embaumées : odeur suave de foin coupé, odeur forte de résine de pin, odeur violente des genêts en fleurs, beautés agrestes plutôt devinées qu'entrevues au clair de lune, gazouillis du ruisseau, tantôt proche, tantôt lointain suivant ses caprices ou les méandres de la route, chanson frêle et puissante que le halètement rauque de l'autobus qui monte ne parvient pas à amoindrir... Et cela dura deux longues heures, deux longues heures volées au bon Dieu pour admirer sous les étoiles de son ciel, les merveilles de la création ; circonstance aggravante, savez-vous qu'au lieu de cantiques et d'*Ave Maria*, nous fîmes monter vers la voûte étoilée les volutes bleues de nos cigarettes !... Faute avouée est à moitié pardonnée, dit-on, je l'avoue donc, espérant qu'en la criant à mille compatriotes, elle me sera pardonnée cinq cents fois.

****

Arrivés à La Louvesc vers 11 heures et demie du soir ; la lassitude aidant, chacun se hâte dans son hôtel, puis dans sa chambre prendre un repos d'autant plus nécessaire qu'il sera court. J'ai la bonne fortune de partager ma « chambre à deux lits » avec un de mes codéserteurs de l'impériale ; nous avons bien essayé de réparer par une prière en commun la faute de tout à l'heure, mais le remords, hélas ! nous guette et tout à coup la voix grave et puissante de l'horloge de la basilique nous apprend que « l'heure s'enfuit et ne revient pas ! »

****

Bien avant l'heure fixée, le lendemain, par petits groupes affairés et soucieux, nos pèlerins se rendent à la Basilique ; bon nombre d'entre eux, en effet, et je suis de ceux-là, avaient pensé qu'ici l'onde serait plus pure et qu'il y ferait meilleur venir « laver son linge », c'est pourquoi les petites boîtes sont assaillies et comme nous sommes vraiment tous trop grands pour nous confesser ! nous nous faisons petits ! en nous mettant à genoux.

Sept heures, réunion générale, Messe de communion, pieusement entendue et copieusement émaillée de cantiques ; nous chantons à l'unisson, et ce qui manque à l'art, l'enthousiasme pieux le remplace ; il faut marquer notre place et préparer les triomphants pèlerinages futurs à la suite de notre drapeau qui flotte près de l'autel, nous nous efforçons donc de notre mieux à notre tâche de représentants de tous les Ardéchois lyonnais. De nombreux compatriotes sont là qui nous regardent. Il faut que tout dans notre attitude leur dise notre joie d'être un jour parmi eux et de prier sur le sol natal ; il faut qu'ils se convainquent aussi que notre bonheur de les revoir est une invite à ne pas nous suivre à la ville... la ville mangeuse d'hommes, ogresse toujours inassouvie, trépidante et fiévreuse :

> *Places, hôtels, maisons, marchés*
> *Ronflent et s'enflamment si fort de violence,*
> *Que les mourants cherchent en vain le moment de silence*
> *Qu'il faut aux yeux pour se fermer !...*

Ah ! n'y venez jamais dans les villes enfiévrées, robustes paysans de nos montagnes.

La messe s'achève sur de très nombreuses communions, et avant la bénédiction du Saint-Sacrement, notre Président, à genoux au pied de l'autel, lit à haute voix et au nom de tous la consécration suivante :

Consécration à Saint François-Régis :

« O Saint François-Régis, permettez aux premiers représentants de *l'Union Catholique des Ardéchois Lyonnais* humblement prosternés sur votre tombeau, devant vos reliques glorieuses, de vous offrir le tribut de leur reconnaissance et de vous prier de bénir notre œuvre naissante.

« Ne voyez pas seulement ce que nous avons réalisé. Faites attention surtout aux généreux projets qui sont écrits au fond de notre cœur, sous forme de saints désirs, de rêves pieux, en faveur de nos chers compatriotes ! Tout se résume en deux mots, nos désirs sont les vôtres. Nous ne voulons pas d'autre bien que celui ardemment désiré par vous-même.

« Aidez-nous donc, ô saint apôtre du Vivarais, dans l'organisation, le développement, le perfectionnement de notre œuvre et préparez-vous à nous grouper plus tard autour de vous lorsque nous vous aurons rejoint dans le ciel afin que là-haut nous puissions continuer à prier pour le bien de nos compatriotes vivarois et nos frères de Lyon qui nous demeureront toujours chers. »

* * *

Après la messe, visite à la petite chapelle édifiée à l'emplacement même de la maison où mourut, en 1640, Saint François-Régis ; une fidèle reproduction nous le représente sur son lit de mort, à ses côtés son bon frère qui pleure, la tête dans ses mains et, sur le mur, gravées ses dernières paroles : « O mon Frère, quelle joie !.. Je vois Notre-Seigneur lui-même et Notre-Dame, qui m'ouvrent la porte du Paradis !.. » Sur le lit qui, par des mains pieuses est garni de fine dentelle, les pèlerins, touchante coutume, jettent leur aumône et c'est ainsi que, sou à sou entremêlés de quelques piécettes blanches, les bons Pères de La Louvesc ont pu faire édifier la magnifique et imposante basilique à deux clochers que nous admirons ici, chef-d'œuvre de l'architecte lyonnais Bossan, le même qui conçut le projet de la basilique de Notre-Dame de Fourvière.

L'heure passe, les estomacs réclament, chacun se hâte vers le petit déjeuner, puis après quelques instants de repos employés en réalité à courir les boutiques à souvenirs, nous nous rendons en cortège à la fontaine miraculeuse. Cette source jaillit, dit-on, à la prière du saint, altéré, déjà miné par la fièvre, alors qu'il se reposait près de la Louvesc, au pied d'un chêne dont on a conservé le tronc. Je ne sais si le fait est mentionné et prouvé dans le procès de béatification ; M. l'abbé Bonnard, qui nous expliqua si bien les vitraux de la basilique, pourrait sans doute nous renseigner à ce sujet. Ce procès, du reste, mentionne d'autres miracles dûment authentiqués. Celui-ci, qu'il soit permis ou non d'y croire, est de tradition, et traditionnellement et processionnellement, nous sommes allés à la fontaine, nous avons bu de son eau limpide et fraîche et ce fut pour nous l'occasion d'une nouvelle prière en commun ; en effet, devant cette source abondante et sous le porche ogival qui la protège, notre Directeur de chant dit d'une voix émue et pleine de foi, les acclamations à Saint François-Régis.

Après une promenade rapide de quelques-uns aux « Sept-Fayards », nous sommes de nouveau réunis à la grand'messe ; les jeunes gens de la chorale de La Louvesc, admirablement disciplinés et exercés, nous font entendre un plain-chant impeccable.

*
* *

Remarquez combien le programme était chargé ; croyez-vous, cependant que la lassitude paraissait sur les visages? Pas du tout, c'était la saine et franche gaîté et si le temps trop court, hélas! ne nous a pas permis d'aller plus avant dans la montagne, de parcourir davantage les sentiers à l'ombre des sapins, de franchir des « chirats » et des « perriers », du moins nos yeux se sont emplis tout à leur aise et pendant longtemps ils verseront dans le tiroir aux souvenirs les trésors amassés qui récréeront nos déprimantes et trépidantes journées de la grande ville. Nous songerons souvent alors

> *Qu'à travers les chirats, et parmi la fougère,*
> *Le pâtre vit heureux, aimé de sa bergère,*
> *Ayant pour horizon l'infini du ciel bleu*
> *Et pour seul Maître, le bon Dieu!..*

Le pèlerinage étant réparti en deux groupes à peu près numériquement égaux dans deux hôtels, chaque groupe prit le repas de midi dans son hôtel respectif. Cela ne nous permit d'une façon absolue le repas en commun, néanmoins la gaîté ne fit pas défaut à l'une et à l'autre table et les appétits, aiguisés autant par l'air vif de la montagne que par les forces dépensées, firent merveilleusement honneur aux menus copieux et succulents des hôtels Chaix-Costet et Regal. Il me vint même aux oreilles que les convives de ce dernier établissement furent doublement « régalés » par le menu d'abord et ensuite par une improvisation charmante et heureuse de notre cher ami si *riche* en dévouement et qui signe « Paul le Pauvre », sans doute par amour des contrastes!

*
* *

Mais le repas s'achève et le programme du pèlerinage nous appelle de nouveau à la Basilique, et là, bien groupés autour de M. l'abbé Bonnard, nous avons vécu sous le charme pénétrant de sa parole, l'heure la plus délicieuse de la journée. Nous avons fait sous sa direction la visite des vitraux, lesquels par eux-mêmes constituent le plus émouvant des panégyriques de Saint François-Régis : ce fut bien autre chose avec les explications éloquentes, profondément convaincantes de notre bienveillant cicérone, et voilà que sous l'évocation puissante de sa parole ces vitraux s'animent, le saint revit vraiment un instant pour nous tous et nous le suivons presque pas à pas dans son existence admirable de charité et d'apostolat sans trêve ni repos.

LA LOUVESC. — *Le Tombeau de Saint François-Régis.*

Il est bien doux au signataire de ces lignes de remercier tous les pèlerins, au nom de tous les Ardéchois lyonnais, M. l'abbé Bonnard pour les instants qu'il nous fit vivre en compagnie du saint et ce n'est pas sans émotion qu'il lui rappelle d'autres instants passés au parloir du noviciat de la Montée de Fourvière et qui furent comme des étapes bénies de la lente et pénible ascension d'une âme vers la lumière.

Nous voulions couronner cette journée si bien remplie par l'assistance à Vêpres, mais nous ne pûmes qu'y faire une courte apparition, les autobus, en effet, ne pouvaient plus attendre et il fallut prendre aussitôt le chemin du retour.

Retour plus joyeux encore que l'arrivée, car il y avait beaucoup, beaucoup de bonheur dans les cœurs, il y avait aussi et surtout beaucoup de ciel pur dans les âmes !..

Les mêmes incorrigibles amateurs de plafond, entraînant par leur exemple quelques autres délinquants, grimpent à nouveau sur l'impériale ; mais cette fois, un peu assagis, ils prendront part, sans trop de distractions, aux exercices pieux égrenés sur la route.

Les mêmes sites entrevus ou devinés dans la nuit précédente se montrent cette fois dans la pleine lumière des pins et des sapins, puis encore des sapins, des roches surplombant la route, des tournants, une route en lacets, dangereuse et étroite que l'on parcourt à l'allure vive de la descente, trop vive à notre gré car nous désirerions certainement prendre un peu le chemin des écoliers et battre les buissons. Des digitales sont égrenées dans les clairières et qui nous tendent leurs longues tiges aux fleurs violacées, des touffes de lavande s'agrippent aux roches ou aux murailles que nous voudrions bien débarrasser de leur trésor !.. Ainsi fuit la route et nous atteignons Saint-Alban-d'Ay ; nous apercevons à notre droite le beau clocher de Saint-Romain, nous débouchons ensuite à Satillieu, puis bientôt à notre gauche Roiffieux profile dans le ciel son clocher carré, tandis que devant nous le mont Miandon rappelle à quelques-uns d'entre nous d'ardentes galopées de jeunesse, — de ces galopées qui nous firent traiter de galopins par nos mamans.

Annonay, vieille et laborieuse cité, lourde d'un passé fécond et glorieux, avec ses Montgolfier, ses Seguin, et tant d'autres qui l'illustrèrent de leur génie dans toutes les branches de l'activité humaine, Annonay qui revêt pour moi les beautés et les bontés inépuisables d'une mère, j'aime ses murs noircis, ses rues tortueuses et montantes, ses pavés pointus, ses rivières profondément encaissées et souillées, hélas, par les nécessités des industries locales, j'aime entendre le bruit cadencé des sabots *doù blantchiais* se rendant à l'usine...

Tu vis dans les cœurs, amour du sol natal.

***

Puis c'est de nouveau le train, avec une chaleur plus accablante, que rafraîchissent nos exercices pieux, et aussi quelques cerises, de belles et bonnes cerises du pays, mises bien à propos dans un panier par une maman prévoyante. Voilà Midon avec son plateau dénudé, le château de Thorrenc, là-bas, tout au fond d'un ravin escarpé, dessine son élégante silhouette, puis la grande vallée abritée, paradis des pêches, séjour des pois gourmands, qui a nom Saint-Désirat, puis Champagne, Peyraud, la plaine immense, le Rhône imposant, Saint-Rambert-d'Albon, et enfin la longue remontée du fleuve, la chaleur un peu lourde et la fatigue aidant que chacun brave de son mieux.

Nous rentrons à Lyon un peu après huit heures, et nous nous séparons heureux d'un tel voyage, en nous donnant rendez-vous à l'an prochain, mais rendez-vous **à 300** afin de représenter dignement l'U. C. A. L. à La Louvesc et profiter aussi des faveurs du train spécial, qui ne sont accordées qu'à partir de ce nombre.

Le prix du pèlerinage se trouvera considérablement réduit puisque nous n'aurons pas de nuit à l'hôtel. Dès la rentrée des vacances, le Comité étudiera les moyens les plus pratiques pour permettre à nos compatriotes de venir très nombreux à La Louvesc. C'est une magnifique réception qui nous attend, l'année prochaine ; les cloches sonneront à toute volée et le pays sera en fête.

Remercions en terminant M. Gaucherand de l'amabilité avec laquelle il mit une de ses superbes voitures à la disposition de l'état-major de notre œuvre. A l'aller, comme au retour, ces messieurs purent ainsi précéder le gros de leur armée et assurer les ultimes préparatifs.

*
* *

Il me reste un devoir pénible à accomplir, celui de vous prévenir que notre caisse est vide, et si cette situation se prolonge, c'est l'existence même de cette revue qui est compromise. Vivarois catholiques, tenaces et réfléchis, nous ne laisserons pas disparaître le trait d'union de notre œuvre, faisons-la vivre en nous abonnant et en faisant abonner nos amis et nos proches.

A tous ceux qui n'ont pas encore payé ou renouvelé leur abonnement, nous recommandons à leur bienveillant accueil la petite quittance postale que nous leur ferons présenter par les soins du facteur : 2 francs, et 25 centimes pour frais de poste. C'est peu de chose annuellement et vous ferez vivre ainsi votre amie de chaque mois : *L'Ardèche lyonnaise et stéphanoise.*

Pierre DARDÈCHE.

P. S. — Nous remercions bien sincèrement de son obligeance la maison Pailliet, éditeur d'art religieux à Lyon, qui a aidé à l'illustration du compte rendu de notre pèlerinage, en nous offrant des vues de la Louvesc.

P. D.

ADRESSE
DES ARDÉCHOIS LYONNAIS A LA LOUVESC
A SA GRANDEUR MONSEIGNEUR BONNET
ÉVÊQUE DE VIVIERS

Les Ardéchois Lyonnais, pieusement réunis au pied du tombeau de Saint François-Régis, leur glorieux patron, adressent à S. G. Mgr Bonnet, le vaillant et saint évêque de Viviers, avec l'hommage de leur plus filiale obéissance, respectueuses félicitations, vœux et prières à l'occasion du 38e anniversaire de son élévation à l'épiscopat.

ÉVÊCHÉ
DE
VIVIERS

VIVIERS, *le 7 juillet 1914.*

MON CHER MONSIEUR,

J'ai reçu, avec un sentiment de bien vive reconnaissance le télégramme que vous avez eu la délicate pensée de m'adresser de La Louvesc. J'aurais voulu vous faire parvenir, sans le moindre retard, mes remerciements émus. Mais notre bureau télégraphique fermé à l'instant même où me parvenait votre dépêche, ne me permettant pas de vous atteindre à La Louvesc, et, désirant vous répondre à Lyon, j'ignorais votre adresse. Elle vient de m'être révélée par l'*Ardèche Lyonnaise*, dont je trouve un numéro dans mon bureau, à mon retour d'une courte absence. Je me hâte de vous dire que j'ai été profondément touché des vœux que, par votre entremise, mes chers Ardéchois Lyonnais ont bien voulu déposer sur le tombeau de Saint François-Régis, pour leur vieil évêque qui leur est paternellement attaché et qui ne les sépare pas dans ses prières et dans son souvenir, des diocésains qui viennent sur La Louvesc. Il dévore votre charmante et si intéressante revue et tout ce qui lui vient de votre association a pour son cœur le plus vif intérêt.

Veuillez agréer, cher Monsieur, l'hommage de mon respectueux et bien affectueux dévouement.

CHRONIQUE STÉPHANOISE

M. de Gailhard-Bancel chez les Ardéchois de Saint-Etienne

A l'exemple des enfants de la Haute-Loire, les originaires de l'Ardèche ont fondé une Association catholique.

La première fête annuelle avait lieu hier, elle fut cordiale comme toute fête qui rassemble des compatriotes nombreux, ce qui n'est pas le privilège des groupements naissants.

Le banquet de midi avait réuni plus de soixante convives qui, sous la présidence de M. de Gailhard-Bancel, député de l'Ardèche, consacrèrent en de fraternelles agapes l'Association nouvelle et souhaitèrent les succès futurs.

M. Avouac, président de l'Union ; M. de Gailhard-Bancel et M. le chanoine Rey-Herme, curé de Saint-Péray, prononcèrent des toasts très applaudis auxquels s'ajoutèrent quelques paroles de M. le curé de Saint-François.

A 5 heures avait lieu une conférence du sympathique député de l'Ardèche.

Près de quatre cents personnes étaient réunies, lorsqu'il prit la parole.

Son discours tout vibrant de la voix du terroir fut une magnifique exaltation de l'âme ardéchoise.

Ame catholique, toute de devoir et de sacrifice, pénétrée de ses obligations, mais également soucieuse de ses droits.

M. de Gailhard-Bancel fit un émouvant appel à ses compatriotes de la grande ville, pour qu'ils se montrent ce qu'ils seraient, s'ils étaient restés au pays natal.

Un discours d'une éloquence sobre, d'une élévation de sentiments chrétiens remarquable, fut salué par des applaudissements unanimes et par de chaudes félicitations.

M. le chanoine Rey-Herme félicita et remercia le conférencier, puis cita à l'auditoire l'exemple de M. de Gailhard-Bancel lui-même qui ne craint pas de professer sa foi en tout et partout et qui tout dernièrement encore a donné son fils à l'Eglise.

M. le curé Fustier termina la réunion en demandant aux Ardéchois de pratiquer leur foi et de se grouper pour cela autour des curés de leurs paroisses et bientôt peut-être autour de leur aumônier.

Première fête, grand succès.

Succès nombreux, c'est ce que nous souhaitons aux originaires de l'Ardèche qui habitent notre ville.

UN JEUNE· HÉROS

AVANT de faire la connaissance du personnage en question, il est bon, je crois, de rendre visite à sa famille et à son habitation. Il nous sera plus facile de le suivre au milieu des siens, dans ses plaisirs et ses tribulations. Car les parents du jeune Alphonse n'étaient pas gâte-enfant et notre héros prenait souvent le chemin d'un certain cabinet noir qu'il nous présentera bientôt.

Le luxe avec lequel la maison ROUSSEL a été construite et ornée, nous apprend que jadis comme aujourd'hui, chacun usait à sa guise de sa fortune et qu'il n'y avait pas que des chaumières en face des manoirs ; qu'il y avait non seulement des nobles et des artisans, mais encore de bons bourgeois aimant les belles choses, tout comme aujourd'hui.

La généalogie des propriétaires de cette maison, nous prouve de son côté que, sans être titré, on pouvait parfaitement contracter de belles alliances, occuper des emplois importants et frayer avec les nobles qui ne croyaient pas déroger en étant témoins aux mariages, parrains aux baptêmes, etc., ce qui, l'on comprend, ne va pas sans quelque intimité.

En résumé, cette société que l'on nous peint parfois si divisée, l'était peut-être moins que la nôtre où chaque classe garde jalousement ses distances et... ses haines. Mais arrêtons-nous dans ces réflexions qui nous conduiraient plus loin qu'à Vogué où nous voulons vous retenir.

* *

Vers le commencement de ce siècle, époque à laquelle la maison ROUSSEL vint se fixer à Lyon, elle laissa à Vogué une demeure bourgeoise très intéressante.

Cette habitation qui n'est pas la seule de même importance dans cette ville, est aujourd'hui la propriété de M. le Maire de Vogué. C'est à son amabilité que je dois de l'avoir visitée en détail et de pouvoir ajouter à ces pages quelques croquis.

Plus éloquents que la plus savante description, ils montreront à ceux qui aiment le vieux temps et les vieilles pierres une belle habitation du XVIe siècle.

Les croisées, largement percées sur la façade, possèdent encore, ce qui est rare, leurs petites vitres losangées enchâssées dans des lames de plomb; derrière existent en bon état et bien moulurés les volets intérieurs.

De la rue, nous passons par une allée voûtée, dans la cour où se trouve l'escalier de service, belle tour carrée construite en solide appareil.

A gauche en entrant, s'ouvre sur l'allée, la cuisine et ses dépendances ; à droite la salle à manger. Les restes d'une cheminée indiquent seuls que ces pièces ont été utilisées en leurs temps. Aujourd'hui, elles servent d'abri aux troupeaux de M. le Maire, agronome aussi distingué qu'aimable.

Au premier étage, nous pénétrons dans une grande salle ; sur la cheminée sont sculptées les armes des ROUSSEL : *d'azur, à trois soleils d'or,* dessins et sculptures sont d'un artiste.

Une pièce à côté, outre son beau plafond à la française, possède un vrai chef-d'œuvre. C'est une cheminée du XVIIe siècle. Le principal sujet du trumeau est un médaillon ovale soutenu par deux amours. Il représente une Annonciation de la Vierge; composition et exécution ne laissent rien à désirer, les figures sont exquises et la pose des personnages parfaitement étudiée.

L'artiste a su mettre toute son âme dans cette scène chrétienne et a modelé admirablement cette charmante et douce vision de la Vierge Immaculée, s'arrêtant dans sa prière pour voir et écouter le céleste envoyé.

Si l'artiste a apporté à son sujet toute l'attention qu'il méritait, il n'est pas resté au-dessous de sa tâche pour l'encadrement de son tableau. Il a traité avec un incontestable talent, frises, corniches, rinceaux et tous les motifs qui accompagnent le médaillon au-dessus duquel, dans un cartouche soutenu par deux amours plus petits, se trouve le monogramme des ROUSSEL.

Cette cheminée en stuc, traitée en demi-bosse, est dans son ensemble un fort joli morceau d'architecture ornementale qui ne déparerait pas les salons de nos grandes villes.

Que deviendront ces vestiges du bon vieux temps ? Tout cela, sans doute disparaîtra comme tout disparaît en ce monde, à moins que quelque ami des arts ne s'éprenne de ces jolies choses et ne les entretienne pieusement.

Actuellement nos bons propriétaires ne peuvent plus restaurer leurs demeures comme il le faudrait ! Aussi, les plafonds à la française tombent-ils souvent en lambeaux et les riches sculptures s'effacent-elles.

Il est regrettable qu'il en soit ainsi, car ces maisons bourgeoises sont des témoins que l'historien aime à citer à sa barre et à étudier au même titre que les parchemins jaunis et poussiéreux.

Tout s'enchaîne, se contrôle en histoire, et si les chroniqueurs enregistrent les faits, les monuments sont des indices précieux pour juger la société et la civilisation.

L'Annonciation. (*Cheminée du XVIIe siècle*).

Les demeures comme celle-ci nous prouvent l'aisance et le goût éclairé d'une classe de la société : elles nous montrent qu'au temps des prétendus tyrans, charbonnier était maître en son logis, qu'il pouvait l'embellir à sa guise aussi librement que le seigneur son donjon.

Comme dans le château voisin, les enfants y grandissaient et s'y instruisaient pour l'honneur de leur famille et la grandeur de leur pays.

* *
*

Le 26 octobre 1900, je fis, en allant d'Aubenas à Villeneuve-de-Berg une halte à Vogué ; l'espace d'un train, deux heures d'arrêt, juste le temps de serrer la main à un ami.

Un quart d'heure après mon arrivée, mon ami et moi contemplions les désastres causés par les dernières crues de l'Ardèche, fort capricieuse et désagréable voisine.

A la suite d'un violent orage, deux jours avant ma visite, la rivière avait envahi les rues de Vogué, y déposant près d'un mètre de pierres et de sable ou défonçant la belle route départementale qui la longe, pour s'y creuser son lit.

Mon ami me faisait le récit des accidents et incidents causés par cette terrible catastrophe quand un bon vieux paysan vint à nous.

M. X... nous présente et lui apprend que je suis l'auteur de l'article, sur la maison des Roussel, paru dans *la Revue du Vivarais.*

Votre travail, me dit-il, m'a intéressé quoique incomplet, car dans la liste des personnages auxquels vous accordez une mention spéciale vous avez oublié le principal.

Vous citez l'acte de naissance d'Alphonse-Sylvestre Roussel, né le 26 janvier 1786, c'est très juste mais vous ne dites rien de ses exploits, les ignoreriez-vous par hasard ? en ce cas, si cela peut vous intéresser, voici l'histoire.

Mon grand-père était domestique dans la famille Roussel et souvent il nous raconta les prouesses de notre petit Monsieur Alphonse qui, à 8 ans, était déjà un gaillard peu ordinaire ; bon cœur, paraît-il, mais batailleur, aimant les jeux bruyants et dangereux ; c'était un indomptable que ses parents était souvent obligés de mettre au cachot. Sa prison était le bûcher, sorte de réduit bas et éclairé seulement par une ouverture carrée de trente centimètres à peine, situé au bas de l'escalier et au-dessus du lit du torrent qui passe sous la tour et la maison.

Alphonse n'était pas l'ennemi de sa prison, il en prenait au contraire volontiers le chemin, voici pourquoi : Rester prisonnier ? à d'autres... s'il leur plaît... quant à lui, leste comme un chat, quelques gros clous plantés dans le mur de la tour lui suffisaient pour en sortir ou y rentrer à sa guise.

Personne ne se doutait de ses escapades, d'autant qu'on avait bien autre chose en tête. Nous étions en pleine terreur, disait mon aïeul ; Nos Seigneurs avaient dû fuir le pays et les terroristes des environs un peu désappointés cherchaient d'autres victimes. M. Charles-Dominique Roussel, bailli d'épée, père du jeune Alphonse, devait forcément être un des premiers sur la liste.

Le jour où se passe notre histoire, M. Roussel était à Aubenas siège du bailliage.

*
* *

Alphonse s'était levé grand matin, ses camarades et lui ont projeté une partie monstre, on doit jouer aux soldats, se partager en deux camps, s'armer de grandes gaules et s'offrir le doux plaisir d'une vraie bataille.

Allait-on s'amuser ! Ce serait si drôle de se battre comme des hommes !

A six heures du matin, les deux armées entrent en contact, les coups pleuvent et, au milieu de la mêlée, Alphonse se fait remarquer par sa bravoure. Toujours à la tête de son armée, il l'encourage par l'exemple et la voix... Quel brave petit général !... C'était un spectacle peu ordinaire que cette bataille de gamins dont le chef, tout débraillé et sans chapeau, se bat comme un beau diable.

Tout à coup, un ennemi imprévu est signalé, sauve qui peut !... C'est la parenté qui, attirée par le vacarme affreux que fait cette marmaille, survient avec le balai ou le grand fouet de charretier à la main. La débandade est générale. M. Alphonse prend la direction de son cachot avec accompagnement de force taloches.

C'est égal ! on s'est bien amusé et on a bien ri !... Et puis, la porte du cachot n'est pas plutôt fermée que notre guerrier reprend la clef des champs.

Le voilà dans les rues de Vogué cherchant ses camarades qui, moins heureux que lui, sont encore sous les verrous.

Alphonse commence à bailler.

On s'ennuie seul.

Il n'a plus qu'une ressource, celle d'aller faire des ricochets sur l'eau.

Mais il vient d'apercevoir une troupe armée et pas des moutards, ceux-là : ce sont des hommes aux grandes moustaches et aux visages peu rassurants, de vrais bandits capables de tout ; notre petit général les trouve superbes.

Ils sont une vingtaine, armés jusqu'aux dents, marchant vite, gesticulant et parlant beaucoup. Arrivés dans la ville, le chef de la bande s'adresse à une grosse gaillarde, maîtresse de la taverne « au cheval blanc ». « Un renseignement la belle !... le citoyen Roussel, est-il ici ? — Non, il doit être en ce moment au bailliage à Aubenas. — Alors, en route, pour accomplir notre devoir de patriote. — Mort aux ci-devants ! hurlent en chœur les soudarts qui l'accompagnent. — Vous êtes bien pressés, citoyens ? J'ai reçu hier du bon vin, du même que buvait le ci-devant marquis les jours de fête. — Tu parles d'or, la belle ! O moi, ton bon vin, tes beaux yeux et ton cœur, sans oublier la tête du susdit Roussel, et je serai le plus heureux citoyen de la République une et indivisible. »

Ils entrent.

Alphonse qui a tout entendu, n'hésite pas ; le voilà courant comme un lièvre, dans la direction d'Aubenas, rien ne l'arrête, il saute les murs, traverse les haies, non sans laisser quelques lambeaux de ses culottes ou de sa peau... Qu'importe, son père court un grand danger.

Notre bout d'homme approche du but, quinze cents mètres à peine et il arrive.

... Oui, il y serait bientôt, s'il ne fallait franchir l'Ardèche ; il connaît bien le gué et l'a souvent traversé sur les robustes épaules de Pierre Ravier, mais Pierre Ravier n'est pas là. Que faire ?

Aller bravement de l'avant. Et notre gamin entre résolument à l'eau ; il avance et déjà l'eau monte au niveau de ses épaules ; quelques pas encore et il a de la peine à se tenir en équilibre, le courant devient plus rapide.

Alphonse, quoique bon nageur pour son âge, n'a jamais osé, cependant, affronter le courant de la rivière : « Bon ange, dit-il, je ne sais pas si vous êtes grand comme Pierre Ravier ou petit comme moi, mais si vous savez nager, voudriez-vous m'aider un peu, c'est pour mon père. » Et notre héros se met à la nage. Pauvre petit, il est roulé comme une épave et entraîné par le courant que ses bras d'enfant ne peuvent pas vaincre. C'est fini!.. il ne pourra pas avertir son père du péril qui le menace.

Alphonse cependant lutte toujours, il veut mettre toutes les chances de son côté. Sans doute son bon ange ne restera pas les bras croisés, il vient en effet de rouler sur le sable au moment où il se croit perdu. Il se relève, le courant est franchi et il reprend sa course vers la ville.

Il arrive devant la sentinelle : « Pierre-Jean, mon père est-il ici ?
— Oui, M. Alphonse, mais comme vous êtes débraillé aujourd'hui, encore plus que les autres jours .. » Et la brave sentinelle s'offre un brin de gaieté au dépens de notre jeune héros qui n'entend pas de cette oreille. Il répond par un formidable coup de pied dans les jambes de Pierre-Jean et se sauve du côté où il espère trouver son père.

MAISON ROUSSEL. — *La Tour carrée.*

M. Roussel est en ce moment entouré de ses amis qui s'efforcent vainement de le persuader d'aller faire une cure d'air loin d'Aubenas. Il se défend en disant que n'ayant pas d'ennemis, il n'a pas de raison de se cacher. La frayeur de ceux qui l'entourent l'amuse même et il les plaisante volontiers.

Mais voici qui va changer sa façon d'envisager les choses : Alphonse se jette à son cou, le suppliant de se sauver pour ne pas tomber entre les mains dés terroristes qui vont arriver.

« Toi ici? et dans cet état, mais d'où sors-tu donc? encore une vilaine farce, sans doute? — Mon père, ne me grondez pas. » Et notre gamin raconte ses exploits.

On s'imagine les touchantes caresses que M. Roussel lui prodigua. Il se mit à l'abri après avoir confié son fils à un brave garçon qui lui fit passer le gué, sans danger cette fois.

Alphonse arrive au milieu des siens qu'il trouve en larmes et accablés de chagrin. On vient de leur dire que des bandits sont partis à la recherche de M. Roussel. Que faire ? Tout est perdu, il est trop tard. Déjà, sans doute, il est leur prisonnier. L'arrivée de notre moutard tout dépenaillé fait un instant diversion et pour ne pas perdre les bonnes habitudes, on le gronde.

« D'où sors-tu? Polisson ! Regardez, mes enfants ce petit coureur des rues, plus mal attifé que le fils de la mère Jean ; tu nous fait honte, petit gredin !... d'où viens-tu, ainsi dépenaillé ? » Alphonse se redresse comme un jeune coq.

« Pendant que vous vous lamentiez tous, j'ai couru avertir mon père que les brigands voulaient le tuer ; j'ai traversé l'Ardèche à la nage et je suis arrivé avant les autres, voilà ! »

Inutile d'ajouter qu'il ne retourna pas au cachot et qu'il fut dévoré de caresses au point qu'il demanda d'aller se reposer de ses fatigues et de ses émotions, dans sa chère prison.

Voici, me dit le brave paysan, l'histoire dont mon grand-père tenait les détails du petit héros lui-même qui, quelques années après, suivit les cours de la faculté de Montpellier et alla s'installer avec le titre de docteur-médecin dans votre bonne ville de Lyon.

*
* *

Notre petit héros n'est autre que M. Alphonse-Sylvestre. Roussel, docteur en médecine qui épousa, le 16 novembre 1829, Mlle Pauline-Marie-Claire Saint-Olive.

Il eut deux filles ; Mlle Jeanne-Emilie qui devint Mme Charles Payen et Mlle Pauline-Adélaïde, Mme Adrien Gourd.

Fl. B. d'E.

PRIVAS

Nos Gymnastes. — Venus de Vals, Aubenas, Villeneuve, Tournon, Viviers, Vesseaux, Annonay, Saint-Péray, le Pouzin, Privas, Saint-Martin et Lafarge..., onze sociétés de gymnastique et quatre sociétés musicales.

Nous lisons dans la *Croix de l'Ardèche* du 12 juillet dont, à notre grand regret, nous sommes obligés de résumer l'article :

Journée splendide à Privas, dimanche.

C'était le premier concours de l'Union... un essai de mobilisation, en somme... et là, un coup d'essai n'est pas forcément un coup de maître.

Celui de Privas le fut.

Quand l'abbé Chabanne fait quelque chose, il ne le fait pas à moitié : raison de succès. Il y en eut d'autres.

* * *

Il y eut les gymnastes, près de huit cents. Parfaits de tenue, d'agilité et d'entrain, les gars !

Et la musique ? Certes, elle rehaussa joliment la fête.

Mais la sympathie et l'empressement du chef-lieu ne gâtèrent rien, tant s'en faut, d'autant que la municipalité fut excessivement aimable en la personne de MM. Marze et Varenne, adjoints, remplaçant le sympathique M. Filliat, souffrant.

Et puis, dominant tout, la présence de Monseigneur, salué partout et enveloppé d'affection, par ce bon peuple de Privas qui l'adore.

Enfin, descendant sur les fêtes, le soleil du Bon Dieu qui s'était caché, le matin, pour mieux briller tout le jour.

* * *

Mais déjà tout le monde est au rang... et les fanfares prêtes. Le cortège s'ébranle, les drapeaux flottent, le cuivre résonne, la foule suit. Privas est sur pied, l'ordre est parfait, la tenue martiale, les cœurs contents. On arrive au Champ de Mars.

Et le concours commence : il est 9 heures 8.

Les vaillants gymnastes se disputent crânement et gaiement les récompenses : exercices aux barres parallèles, barres fixes, sauts, boxes, escrime ; préliminaires à mains libres, mouvement avec ou sans engins. Le spectacle est curieux.

Tous rivalisent de grâce, de force et de souplesse en de jolies évolutions et championnats, durant que, sur un autre point, ont lieu les concours spéciaux de batteries et de fanfares.

10 h. 50. Les clairons sonnent. On se rassemble pour la messe militaire. On part.

***

L'église paroissiale de Privas, une des plus belles du diocèse, a revêtu sa parure des plus grands jours.

Debout, faute de place, les gymnastes sont là, dans la nef principale, derrière leurs drapeaux qui oscillent au chœur. Ils se baisseront à l'Elévation en une prière muette avec le drapeau de l'Union, gracieux souvenir de la Ligue patriotique ardéchoise des françaises. L'église déborde.

Oh ! la belle, oh ! la touchante cérémonie.

Harmonie des fanfares, sonneries des clairons, roulements des tambours, et par dessus tout la grande voix de l'Eglise qui fait monter vers le ciel la foi vibrante des gymnastes dans un *Credo* magistral.

***

C'est l'Evangile. Monseigneur est en chaire.

Il salue les gymnastes auxquels il veut des muscles d'athlètes et des âmes de soldats.

« Mais si la gymnastique fortifie les membres, seul, le cœur peut faire des patriotes.

« Au surplus, on ne saurait avoir le cœur d'un patriote si l'on n'a l'âme d'un chrétien.

« Aussi bien, c'est le catholicisme qui fit la France et c'est la religion qui façonnera toujours l'âme des vrais soldats.

« Gymnastes, soyez chrétiens ».

***

2 h. 1/2. Les agapes aux divers hôtels sont finies et le défilé commence...

Huit cents gymnastes, d'allure fraîche et impeccables de tenue, s'avancent à travers une double haie.

Il y a là, l'Avant-Garde Albenassienne, l'Avant-Garde Saint-Louis, de Villeneuve-de-Berg, l'Avant-Garde Tournonnaise et l'Avant-Garde sportive de Vals.

Il y a l'Avant-Garde sportive de Viviers, l'Avenir de Vesseaux, l'Espérance de Notre-Dame d'Annonay, la Persévérante de Saint-François-d'Annonay.

Il y a l'Espérance de Saint-Péray, les Pages de Jeanne d'Arc, de Privas, l'Union sportive et musicale du Pouzin.

Je ne garantis pas l'ordre, mais il y a, ici ou là, alternant avec les sociétés de gymnastique, quatre sociétés musicales : la Sainte-Cécile d'Annonay, l'Indépendante de Saint-Martin-de-Valamas, la Société de Lafarge et l'Union Musicale du Pouzin.

Et n'y eut-il pas aussi, entre les groupes, l'automobile fourvoyée du Lion Noir, pied levé, qu'on pria poliment d'aller cirer plus loin.

Passons.

*
* *

Et le petit bataillon, lui aussi, passe. La cité, de toutes ses fenêtres et de tous ses trottoirs, regarde émerveillée et sympathique cette jeunesse au jarret solide, au pas ouaté de ses blanches espadrilles, à l'uniforme voyant comme Annonay ou sobre comme Aubenas.

La joie flotte dans l'air, tout Privas est sur pied... le soleil resplendit et les musiques chantent.

Du cercle, à la terrasse, Monseigneur, radieux, sourit et, sous sa main bénissante, tous les drapeaux, s'inclinent.

Partout, la foule compacte applaudit et salue ces huit cents gars aux bérets blancs et cols verts, ceintures noires et écharpes bleues, artilleurs, biffins, ou vitriers de demain.

Une petite ovation est faite au *petit bout* de hussard albenassien, je crois.

L'instant est grandiose, et l'enthousiasme croît lorsqu'un frais petit page, détaché du cortège, va piquer une palme au monument des Mobiles.

On est au champ de manœuvres. Monseigneur arrive à la tribune, ayant à ses côtés M. Paret, M. Marze, M. le chanoine de Casteljau, M. Dunan, M. Runel, commandant Bourret, le jury et le comité directeur.

La pelouse est envahie. Clairons et tambours battent. La séance solennelle va s'ouvrir.

L'aimable M. Payerne se hisse sur son estrade de Moniteur général.

*
* *

— Garde à vô !

Ça y est.

Trois mille personnes haletantes et jusqu'aux braves militaires juchés à la caserne, sur les murs et les toits, suivent les gymnastes, pupilles et adultes, dans leurs gracieux mouvements, leurs audacieuses pyramides et leurs poses plastiques.

Les harmonies s'égrènent et les bravos crépitent. Moi je retiens Tauleigne le jeune, d'Aubenas et les moniteurs de partout avec mention honorable au dévouement de ce brave Gontier qui tient le coup à Aubenas et Vesseaux sans compter ses sueurs et ses dimanches...

La manœuvre est terminée. On lit le palmarès et distribue les médailles. Vals triomphe avec 1.731 points et gardera le drapeau.

Mais M. Paret, président des sociétés catholiques stéphanoises, se lève.

Il parle à voix sonore... il parle en français.., il parle en latin... il parle avec feu... il parle comme un apôtre, il parle à ravir...

Enfin le cortège se reforme. Monseigneur marche en tête. On traverse Privas. Les fanfares entraînent. On se rend à l'église. Un salut solennel. Une dernière prière. Une recommandation suprême. Tout est fini.

Mais quel beau jour !

ANNONAY

Institution du Sacré-Cœur. Baccalauréat. — Voici le résultat de l'examen écrit passé devant la Faculté de Grenoble :

Première partie. *Section latin-grec :* MM. Boissin Henri, Duclaux François, Sarda Henri.

Section latin-langues vivantes : M. Béchetoille Antoine.

Section latin-sciences : MM. Lapluye Gaston, Varraud Jean.

Deuxième partie. *Philosophie :* M. Cadet Jehan.

Déjà reçu complètement :

Section sciences-langues vivantes : M. Heurtier Albin.

Nos félicitations.

Examens. — Le 22 juin dernier, Mlle Marie-Louise Frigière, élève de l'Externat du Sacré-Cœur, a subi avec succès les examens du brevet élémentaire devant la Commission de Lyon.

Brevet élémentaire. — Nous sommes heureux d'apprendre le succès de Mlle Laure Ladet aux épreuves du brevet élémentaire. Nos félicitations à la jeune lauréate et à ses excellentes maîtresses.

ROCHEMAURE

Brevet élémentaire. — Nous sommes heureux d'apprendre le succès obtenu aux examens du brevet par Mlles Léonie Azas et Marguerite Durand, deux élèves du Pensionnat Saint-Michel, à Bourg-Saint-Andéol.

Nous adressons nos bien vives félicitations aux maîtresses que rien ne décourage et aux élèves qui les imitent.

LAURAC

Ecole Serdieu. Fête des anciens élèves. — Elle a été célébrée avec le plus brillant éclat et un succès dépassant toutes les prévisions.

Défilé splendide d'au moins trois cents hommes ou jeunes gens, avec drapeau, tambours et clairons.

Superbe cérémonie à l'Eglise, comportant une messe de Gounod avec auditions de morceaux d'orchestre, le tout d'une exécution irréprochable.

Réunion plénière des anciens élèves au cours de laquelle on a entendu une très belle conférence de M. Barrême-Verdol, avocat à Privas.

Banquet fraternel sous les platanes, groupant plus de cent cinquante convives, dont une soixantaine de Laurac. Coup d'œil empoignant, joie débordante, vins pétillants, le grand mousseux de Saint-Péray, surtout, offert par M. Georges Chabert, d'Aubenas. Toasts chaleureux de M. Barrême, de M. Dufez, de M. l'Aumônier surtout, dont la parole ardente a fait vibrer tous les cœurs.

Succès universitaires. — Deux élèves de l'Ecole viennent d'obtenir le brevet de capacité devant la commission de Marseille : M. Paul Chazalon, de Vogué et M. Paul Leyronas, de Saint-Etienne-de-Fontbellon.

BRAHIC

Fête de Jeunesse catholique. — Le 19 juillet, le groupe de Brahic a fêté la bénédiction du drapeau. La fête était présidée par M. Dussaut, aumônier diocésain, tous les groupes de la zone des Vans y étaient invités et de nombreuses délégations y assistaient.

SAINT-MÉLANY

Nous apprenons avec plaisir que Mlle Adrienne Barbut a subi avec succès les épreuves du brevet élémentaire. — Nos plus sincères félicitations.

SAINT-MARTIN-DE-VALAMAS

L'Indépendante à Privas. — Ainsi que l'avaient annoncé les quotidiens de la région, notre excellente fanfare « l'Indépendante » a pris part, dimanche dernier, aux fêtes gymniques et au concours musical de Privas.

Possédant de bons pupitres et comptant dans ses rangs quelques instrumentistes de réelle valeur, notre société, très entraînée depuis quelques mois, parfaitement souple dans la main de son chef, abordait pour la première fois les épreuves d'un concours officiel.

Hâtons-nous de dire qu'elle les a subies avec honneur puisqu'elle se classe *deuxième* avec cent vingt points contre cent vingt-trois à l'Harmonie de Lafarge qui a obtenu le premier prix du concours.

Nous nous réjouissons pleinement du succès de notre excellente société catholique et nous prions nos vaillants amis et leur chef si dévoué d'agréer nos très cordiales et très sincères félicitations.

Mais le succès appelle le succès ! A l'œuvre pour les prochains concours : il ne faut pas s'arrêter en si bon chemin : c'est au premier prix qu'il faut maintenant viser. *Et pourquoi pas ?*

Pensez-y, camarades, en jouant le pas redoublé qui porte ce titre.

VERNON

Qui ne connaît pas l'histoire locale des quatre seigneurs.

Un quidam s'avisa, un jour, sous le couvert de l'anonymat, de signaler à M. le percepteur du canton, quatre de nos plus honorables concitoyens, de *son bord*, comme ne payant pas de contributions, en rapport avec leurs revenus. Il n'y a qu'un affreux *réactionnaire* qui peut avoir eu l'idée d'une pareille lâcheté, clament aussitôt les purs de l'endroit. Erreur, c'est tout le contraire qui se produit, car, après des recherches, on découvre, avec beaucoup de surprise, que le dénonciateur n'est autre qu'un frère vendant ses frères et oubliant qu'il eût du commencer par bien gérer ses affaires.

Les électeurs ont bien ri de cette facétie.

Conclusion : On n'est trahi que par les siens.

LE CHEYLARD

Fête des Vétérans. — Dans sa dernière assemblée générale, la société des Vétérans des Armées de Terre et de Mer (1978e section du Cheylard) a décidé, pour resserrer les liens qui doivent unir entre eux tous les sociétaires, de faire chaque année un banquet précédé d'une messe solennelle, dite à l'intention des membres décédés.

Cette fête a eu lieu dimanche 26 juillet. A 10 heures, une messe fut dite à l'intention des sociétaires défunts.

Tous les vétérans se rendirent en corps à l'église précédés du drapeau de la section. A midi, un grand banquet eut lieu à l'Hôtel Courtial.

SAINT-MONTAN

Pèlerinage de Saint-Montan et des environs à La Louvesc, le 9 août. — Départ, train à 6 heures du soir (Saint-Montan-Annonay) — prix de faveur, demi-place pour le chemin de fer. — L'autobus fait aussi une réduction. Il suffit de payer la cotisation le jour du départ, mais il est nécessaire de se faire inscrire à la cure de Saint-Montan, huit jours au moins à l'avance.

L'Imprimeur-Gérant : P. GRANGE.